사장을 위한 정관정요

ZAYU NO SHO『JOGANSEIYO』
CHUGOKU KOTEN NI MANABU「SEKAI SAIKO NO LEADER RON」
© Haruaki Deguchi 2019
First published in Japan in 2019 by KADOKAWA CORPORATION, Tokyo.
Korean translation rights arranged with KADOKAWA CORPORATION, Tokyo
through ENTERS KOREA CO., LTD.

貞觀政要

정관정요 10권에서 엄선한
사장의 다섯 가지 조건

사장을 위한
정관정요

데구치 하루아키 지음
박재영 옮김

센시오

최고의 제왕학,
《정관정요》10권 40편에서
추출한 리더의 원칙

나는 남에게 자기 가치관이나 인생관을 강요하는 건 주제넘은 행동이라 생각한다. 그래서 아무리 삶의 지혜가 담긴 책이라 해도 주변 사람들에게 읽어보라고 권하는 일은 좀처럼 드물다. 내가 학장으로 있는 리쓰메이칸 아시아태평양대학의 교직원들에게도 책을 읽으라고 권한 적이 없다. 상대방이 책읽기를 싫어할 수도 있고, 꼭 책을 통해서만 배움을 얻는다고 생각하지도 않기 때문이다. 그런데 부하 직원을 관리해야 하는 팀 리더에게는 예외적으로 읽으라고 권하는 책이 딱 한 권 있다. 바로《정관정요》다.

《정관정요》는 당나라 2대 황제 태종 이세민(李世民)의 언행록으로 이세민과 신하의 정치에 관한 논의와 문답이 전 10권 40편으로 정리되어 있다. 이세민은 중국 역대 황제 중 최고의 성군으로 불리며 당 왕조의 기초를 확립했다고 평가받는다. 이 책에는 태평성대를 이룬 리더와 그를 뒤따르는 사람들의 태도가 명쾌하게 드러나 있다. 그 때문에 원나라의 쿠빌라이 칸(Khubilai khan), 청나라의 건륭제(乾隆帝) 등 중국 황제를 비롯해 동아시아의 제왕들은 이 책을 제왕학 교과서로 읽었다고 전해진다.

역사 속 제왕들이 겪었던 문제는 형태만 다를 뿐, 이 시대의 리더들에게도 그대로 재현된다. 그렇기에 《정관정요》에 담긴 탁월한 제왕학은 현대의 경영 리더에게도 고스란히 적용된다. 《정관정요》를 읽으면 '조직은 어떠해야 하는지', '리더(황제)와 부하직원(신하)의 관계는 어떠해야 하는지', '이상적인 리더가 되려면 무엇을 해야 하는지'를 알 수 있다.

조직을 다스리고 사람을 다루는 리더를 위해 《정관정요》 전 10권 40편 중 조직 관리와 관련된 부분만 엄선해 이 책에 실었다. 원문 내용을 알기 쉽게 의역하고 현대 비즈니스 상황과 대조하여 나름의 해설을 더했다. 또한 각 장의 도입부에 중국사를 간

략히 소개하여 본문의 핵심을 이해하기 쉽도록 구성했다. 중국 고전이 친숙하지 않은 사람이라도 충분히 흥미롭게 읽을 수 있을 것이다.

태평성대를 이룬 성군에게서 '뛰어난 사장의 덕목'을 배운다

중국 문화의 황금기라 불리는 당 왕조(서기 618~907년)는 290년 간 20명의 황제들이 통치자로서 왕좌를 지켰다. 그중에서도 2대 황제 이세민은 24년 동안 나라를 통치한 명군이다. 그가 리더로서 걸출한 이유는 크게 두 가지로 꼽힌다.

첫째, '권한'의 감각이 뛰어났다. 이세민이 신하에게 일을 맡길 때는 다음의 원칙을 따랐다. 황제는 절대적인 권력을 갖고 있으나 신하에게 일을 위임할 때는 '여기부터 여기까지는 스스로 정해도 된다'는 권한을 함께 주어야 한다. 만약 신하가 어떤 결정을 내렸다면 아무리 황제라 해도 따른다. 신하의 일하는 방식이 올바르지 않다고 판단할 때는 그를 경질하면 된다. 리더가 일일이 참견하는 조직은 성장할 수 없다.

황제가 제멋대로 권력을 행사하면 백성과 신하는 소통을 단절해버릴 것이다. 이처럼 높은 지위에 오른 사람이 '불통'의 절대 권력을 행사할 때, 사소한 한마디에도 조직이 휘청거릴 수 있다. 이미 그 조직은 불통인 리더에 동화되어버렸기 때문이다. 그런 조직은 시대의 변화에 뒤처질 수밖에 없다.

둘째, 이세민은 신하의 직언을 수용했다. 직언이란 윗사람의 과실을 거리낌 없이 지적하며 충고하는 것을 말한다. 이세민은 자신을 죽이려고 한 인물조차 그 능력을 인정해 측근으로 임용했으며 신하들의 직언을 적극적으로 받아들이고 그들의 비판을 거울삼아 스스로를 단련했다.

위징(魏徵)을 비롯해《정관정요》에 등장하는 이세민의 측근들은 이세민에게 날카로운 충고를 헤아릴 수 없이 올린다.《정관정요》에서 신하와의 문답을 보고 있노라면, 이상적인 리더의 자세가 무엇인지 알 수 있다.

황제라 해도 결코 전능하지 않음을 아는 자세, 결점이나 과실이 있다면 기꺼이 지적받고 수용하고자 하는 자세는 현대를 살아가는 리더에게도 귀감이 된다.

《정관정요》가 말하는 '리더는 조직을 어떻게 다스려야 하는가'

나는 서른 살 때 《정관정요》를 처음 읽었다. 어렸을 때부터 역사를 좋아해서 이세민이 명군으로 불리는 것은 알고 있었다. 그런데 책에 기록된 이세민은 내 생각보다도 훨씬 더 뛰어난 리더였다.

이세민과 신하들의 문답을 보고 나는 '리더가 조직을 어떻게 다스려야 하는지'를 배웠다. 《정관정요》는 시대를 초월한, 조직 관리와 리더십의 진수가 담겨 있다고 말해도 과언이 아니다.

나는 생명보험회사에 입사한 사회 초년생 시절부터 라이프넷 생명보험을 창업하고 회장을 거쳐 현재 리쓰메이칸 아시아태평양대학 학장에 이르기까지, 《정관정요》에서 말하는 '삼경(三鏡, 구리 거울, 역사의 거울, 사람의 거울)'을 좌우명으로 삼고 있다. '군주

는 세 가지 거울을 지녀야 한다'는《정관정요》의 가르침을 짧게
소개해본다.

"이세민이 일찍이 신하에게 고했다. 구리로 거울을 만들면 의관을
단정히 할 수 있고, 옛것을 거울로 삼으면 흥망과 정권 교체에 대해
알 수 있으며, 사람을 거울로 삼으면 득실을 밝힐 수 있다. 나는 늘
이 세 가지 거울을 보며 내 잘못을 방지한다."(권2 임현 제33장)

현대 비즈니스 리더에 맞추어 '삼경'의 가르침을 풀어보면 이
렇다.

리더는 현재 자신의 표정과 태도를 관리하고(구리 거울), 지나
간 선택이 가져온 결과에서 배우기를 반복하며(역사의 거울), 부
하 직원의 냉정한 조언을 받아들일 줄 알아야 한다(사람의 거울).

현대의 그 어떤 경영 서적보다도 나에게 큰 영향을 미치는 원
칙이다. 지금도 내 서재에는 한눈에 들어오는 자리에《정관정
요》가 꽂혀 있다.《정관정요》가 눈에 들어올 때마다 '독단적으
로 행동하지 않는지', '부하 직원의 의견에 귀를 기울이고 있는
지', '즉흥적인 발언을 하지 않는지' 자신을 되돌아본다.《정관

정요》는 나에게 '이세민의 병풍(위징의 직언을 기록한 병풍)'과 같다. 나는 지금도 날마다 이세민에게 지적을 받는다. 모든 경영 리더들이 이 책으로 '이세민의 병풍'을 대신하기를 진심으로 바란다.

《정관정요》 원전에서 추출한 리더십의 정수

1,300년간 제왕학 교과서로 불렸던 《정관정요》. 《정관정요》에 담긴 이상적 제왕의 모습은 시대를 뛰어넘어 현대의 경영 리더에게도 적지 않은 가르침을 준다. 한 나라의 태평성대를 이끌었던 명군의 치세술로부터 조직 전체를 끌고 나가는 사장의 지혜를 얻을 수 있을 것이다.

이 책 《사장을 위한 정관정요》는 《정관정요》 원전 열 권에서 엄선한 위대한 리더의 원칙을 추출하여 크게 다섯 가지로 녹여냈다. '군주는 원래 어리석은 법'이라고 《정관정요》는 말한다. 이세민 역시 크고 작은 실정을 저질렀으며, 이를 바로잡고 되풀

이하지 않기 위해 애를 썼던 인물이다.

　이처럼 그릇의 크기가 유한한 경영자들이 어떻게 본인의 역량을 뛰어넘어 거대한 조직을 담아내고, 또 효율적으로 이끌 수 있는가를 《사장을 위한 정관정요》 각 장을 통해 알 수 있다.

　리더를 진심으로 믿고 따르는 조직, 리더 한 사람의 힘이 아니라 전체의 통합된 힘으로 나아가는 조직을 만들기 위한 묵직하고 근본적인 지침을 이 책을 읽는 이 시대의 모든 리더가 손에 넣기를 바란다.

데구치 하루아키

| 차례 |

4장 의심하는 사장에게 민음을 주는 직원은 없다

5장 인재가 없는 게 아니라 찾지 못하는 것이다

6장   **뛰어난 직원이**
뛰어난 리더가 되지 않는 이유

《정관정요》의 구성

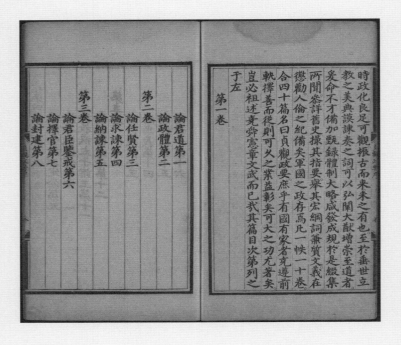

권1	군도 제1 정체 제2
권2	임현 제3 구간 제4 납간 제5

貞觀政要

아무것도 하지 않는 사장이
최고의 사장이다

이름을 남기고 싶다는
정당한 욕망

貞　觀　政　要

형제를 죽이고 아버지를 유폐하여
제위에 오른 이세민

《정관정요》는 '정관의 치'를 가져온 당나라의 태종 이세민(李世民)과 그를 보좌한 중신들 사이에서 주고받은 문답을 중심으로 편찬되었다. 당태종 이세민은 598년에 이연(李淵)의 차남으로 태어났다. '태종'은 이세민의 사후 그의 업적에 대해 선사된 묘호(이연의 묘호는 '고조')다.

'정관'이란 이세민 치하 당시의 연호(서기 627~649년)로, 중국 역사상 가장 평화로운 시대 중 하나로 일컬어진다. 또한 '정요'는 정치의 핵심을 의미한다. 즉, 《정관정요》란 '정관 시대의 정치 핵심'을 정리한 책이다.

당나라(618~907년)

이연이 수나라를 멸망시키고 건국했으며 이후 약 300년에 걸쳐 이어진 중국 왕조다. 2대 이세민(태종)의 시대에는 중앙아시아 초원지대까지 지배하는 대제국이 되어 주변국에도 정치, 문화면에서 큰 영향을 줬다.

당태종 이세민(598~649년)

당나라의 2대 황제(재위 626~49년). 형제를 살해하고 아버지의 양위를 받아 즉위한다. 방현령, 두여회, 위징 등 훌륭한 신하를 곁에 두며 '정관(貞觀)의 치'로 불리는 성세를 이루었다. 율령 체제의 정비, 군정의 정비, 학예의 장려 등에 힘쓰고 선정을 펼쳐 당나라가 300년을 유지할 수 있는 초석을 쌓았다. 중국 역사상 최고의 명군 중 한 명으로 불린다. 정관이란 제위에 오른 이세민이 칭한 연호다.

이연은 수나라 2대 황제 양제와 이종사촌지간이다. 이연의 어머니는 수나라 모후의 언니로, 이연이 양제의 이종사촌형인 셈이다. 이연은 무관의 장수로서 수나라를 섬겼지만 양제의 실정(失政)을 틈타서 군사를 일으킨다. 수도 장안을 점령한 후에는

1장 | 아무것도 하지 않는 사장이 최고의 사장이다

양제의 손자인 공제 '유'를 수나라 황제로 옹립한다. 양제가 체류지인 양주에서 살해당하자 유에게 제위를 선양하게 하여 이연이 당나라의 초대 황제가 된다.

하지만 군사를 일으켜 수나라를 멸망시키고 중국 전역을 통일하라고 이연에게 권한 사람은 그의 차남 이세민이었다. 당 왕조를 발족한 후 새 정권의 적대 세력을 진압한 사람도 이세민이다.

그는 수말당초(隋末唐初, 수나라 말 당나라 초)에 할거한 군웅을 평정하는 데 핵심 역할을 맡았다. 이세민이야말로 당나라의 중국 통일을 실현으로 이끈 중심인물이다. 이때 이세민은 이제 막 스무 살이 지난 청년이었다.

개국공신 이세민에 의해 당 왕조는 궤도에 오른다. 그러나 이세민의 명성과 덕망을 좋게 보지 않은 인물이 있었다. 바로 이연의 장남 이건성과 사남 이원길이다.

황태자의 자리까지 동생에게 빼앗길까 걱정한 이건성은 이원길과 결탁하여 이세민의 배척(살해)을 획책한다. 형과 동생의 불온한 움직임을 알아챈 이세민은 선수를 쳐서 장안 북문에 있는 현무문이라는 곳에서 형과 동생을 활로 쏴 죽였다. 이 사건은 '현무문의 변'으로 불린다.

현무문의 변 이후 이세민은 아버지인 고조 이연을 유폐하여 실권을 장악하고 28세의 나이에 2대 황제로 즉위했다.

오명을 씻으려면 선정을 펼치는 수밖에 없다

———

형제를 죽인 이세민이 폭군이 아니라 명군으로 칭송받게 된 것은 훌륭한 리더가 되어 오명을 씻겠다고 마음을 바꿨기 때문이다. 방현령과 두여회 등 유능한 인재를 등용하여 선정(善政)에 힘썼다. 적의 신하였던 위징을 간의대부(諫議大夫)로 임명하여 늘 자신의 곁에서 직언하도록 했다.

역사에 성군으로 이름을 남기겠다는 다짐으로 이상적인 리더가 되고자 스스로를 다스렸다. 진수성찬을 먹고 싶어도 검소한 음식을 먹었고 술독에 빠지거나 미인에 현혹되지 않으려고 자제했다. '황제'라는 자신의 위치를 깊이 이해하고 항상 그에 걸맞은 행동을 하려고 힘썼다.

이세민의 치세는 '정관의 치'로 불리며 이상적인 군주 정치(성대)로 칭송받고 있다(중국의 오랜 역사 중에서도 성대는 고작 네 번뿐이라고 한다). 또한 이세민은 중국 역사상 유례가 드문 유수한 명군으로 전해지고 있다.

한편 똑같은 2대째라도 수나라의 2대 황제 양제는 중국사를 대표하는 폭군으로 불린다. 양제가 실시한 대운하 건설은 민중을 혹사시켰다고 혹평을 받지만 장기간 분열된 중국을 통일하기 위한 대사업이었다고 평가할 수도 있다.

이세민과 양제를 비교해보면 많은 유사점을 볼 수 있다. 그런데 대운하를 만들어 이민족과의 교역을 장려한 양제는 일방적으로 폭군으로 묘사되며 그 업적이 부정당하는 경향이 있다. 양제와 이세민의 업적에는 거의 차이가 없는데도 이세민만 높이 평가되는 이유는 이세민이 역사를 바꿔 썼기 때문이다.

【양제】

- 차남이다.
- 초대 황제인 아버지를 살해했다고 평가받아 형의 황태자를 실각시켜서 황위를 빼앗는다.
- 고구려(조선) 원정에 실패했다.

【이세민】

- 차남이다.
- 황태자인 형과 동생을 살해하고 그 후 아버지를 유폐하여 황위에 오른다.
- 고구려 원정에 실패했다.

이와 같이 양제와 이세민 모두 육친을 죽이고 황위를 빼앗은 데에서는 차이가 없다. 고구려 원정에 실패한 것도 똑같다. 이세민은 자신과 자신이 멸망시킨 황제가 비슷함을 깨닫고, 역성혁명의 논리로 자신의 정통성을 주장하려면 양제보다 더 훌륭한 정치를 하는 수밖에 없다고 생각했으리라.

역성혁명(易姓革命)

덕을 잃은 왕조가 하늘(신)에게 버림받아(천명이 혁신하여) 왕조의 성씨가 바뀐다는 이론이다. 하늘을 개입시키면서 동시에 '나쁜 정부는 백성이 봉기하여 정부를 쓰러뜨려도 된다'라는 인민주권 사상으로도 이어진다.

'나와 양제가 한 일은 별 차이가 없구나. 나를 나쁘게 생각하는 사람도 많을 것이다. 후세에 나쁘게 기록되지 않으려면 어떻게 해야 할까? 오로지 좋은 정치를 하고, 군신이 하는 말을 들으며, 백성을 위해 온 힘을 다하고, 사치를 부리지 않으며, 업적을 산더미만큼 남기는 수밖에 없다. 그렇게 하면 양제와는 달리 나 이세민은 훌륭한 정치를 했다고 후세에 전해지지 않을까?'

이세민의 의도는 제대로 적중한다. 이세민이 죽은 지 약 50년 후, 당나라의 역사가 오긍(吳兢)이 이세민에 관한 기록을 편찬하여《정관정요》를 저술했다.《정관정요》가 세상에 나오며 이세민은 중국 사상 최고의 명군으로 평가받았다.

자기 다리의 살을 베어먹는
과오를 조심하라

貞 觀 政 要

자기 다리의 살을 베어먹는 자의 어리석음

중국 고전에는 수많은 비유 표현이 사용된다. 논리적인 주장은 상대방이 즉각적으로는 이해했더라도 금세 잊어버릴 수 있다. 하지만 비유를 사용한 주장은 상대방이 자신의 지식과 경험을 대조해서 이해하기 때문에 뇌리에 오래 남는다.

《정관정요》에도 수많은 비유가 사용된다. 정관 초년에 이세민은 가신에게 다음과 같이 말했다.

"군주는 백성의 생활이 안정되기를 유의해야 한다. 백성에게서 중세를 거두어 자신이 사치하는 것은 마치 자기 다리의 살을 베어서 배를 채우는 것과 같다. 배불렀을 때는 몸이 약해져서 죽고 만다. 천하를 평안무사하게 다스리려고 한다면 먼저 군주 스스로 자세를 바르게 해야 한다." (권1 군도 제1장)

이세민은 백성을 '다리'에, 군주를 '배'에 빗대어 가신에게 '군주와 정부와 백성이 일체임'을 전했다. 자신의 배를 채우려고 많은 고기를 먹었는데 그 고기가 자기 다리의 살이라고 하면 어떨까? 먹을 때마다 다리가 쇠약해져서 언젠가는 서지 못하게 될뿐 아니라 몸이 망가지고 말 것이다.

백성과 군주의 관계도 마찬가지다. 자신의 사치를 위해 중세를 부과하면 백성은 피폐해진다. 군주를 원망하고 반역하는 사람이 나올 수 있다. 이래서는 나라의 안정을 도모할 수 없다. 그래서 이세민은 사치를 금했다.

당시 당나라의 근간은 농업이었다. 군주 이세민이 생산물을 직접 만들어내는 것이 아니다. 백성이 재배하는 농작물과, 백성이 바치는 세금이 당나라를 뒷받침한다. 다시 말해 백성이 생산계급이라면 군주(리더)는 백성에게 의지할 수밖에 없는 기생계급인 것이다.

한 나라의 생산물이 100이고 이 중에서 20을 군주가 세금으로 거둔다고 하자. 백성이 실제로 받는 것은 80이다. 만약 백성이 생존하기 위해 최소 75의 생산물이 필요하다면 백성은 아직 5의 여유가 있다. 그런데 군주가 사치를 바라며 세금을 30으로 인상하면 어떻게 될까? 백성은 생존에 위협을 받는다.

군주는 백성이 기분 좋게 일할 수 있도록 늘 신경 써야 한다. 사람을 부리는 능력이 뛰어났던 이세민은 이를 알고 백성이 기꺼이 생산물을 바치도록 75 아래로 떨어지지 않는지 늘 확인했다. 또한 75를 최저로 설정하지 않고 80을 기준으로 삼아 백성에게 '플러스 5'의 여유를 줬다. 그리하여 백성은 여유가 있음에 기뻐하며 군주를 거역하는 일 없이 생산물을 만들어냈다.

다리(백성)가 약해지면 기생계급인 자신도 죽는다. 이세민이 사치하지 않은 이유는 군주와 정부와 백성을 한 몸으로 파악했기 때문이다.

지나치게 빼앗으면 뒤를 잇지 못한다

———

중국에서 '관리(官吏)'라는 말은 공무원을 의미하는데 '관(관인)'과 '리(서리)'는 조금 다르다. 관인은 국가 공무원이므로 세금에서 보수가 지급된다. 한편 서리는 서민 중에서 희망자를 모집한 공무원이다.

서리는 웃돈이나 뇌물을 받아 생계를 유지했는데, 지방 관청에서 대기하며 주민을 대신해 각종 신청 등의 업무를 하고 대행료라는 명목으로 웃돈이나 뇌물을 받았다.

이때 서리가 터무니없는 액수의 뇌물을 요구하는 일은 없다. 한 번에 지나치게 많이 받으면 서리 일을 지속할 수 없기 때문이다. 또한 관청에도 서리가 있어서 동업자끼리의 경쟁도 신경 써야 했다. 너무 욕심을 부리다가 주민 사이에 '그 서리는 비싸다'라는 소문이 돌면 아무도 대행을 부탁하지 않는다. 따라서 대행료의 '시장 가격'은 적정선에서 안정된다.

현대 중국에서도 무분별한 뇌물 횡령은 여전한 정치 과제인데, 뇌물에도 2,000년의 전통이 있다는 사실을 알면 이해가 갈 만한 일이다

한편 이세민은 생산계급의 생존이 위협받는 일이 없게 세금을 높게 책정하지도, 중세를 부과하지도 않았다. 언제든 75 또는 80의 비율로 백성이 생산물을 가져갈 수 있도록 신경 썼다.

아무것도 하지 않는 리더가
뛰어난 리더다

貞 觀 政 要

성과를 내는 리더는 '인재 배치'가 탁월하다

위징은 십사구덕을 갖춘 군주가 군신의 재능과 선함을 분별하여 임용하고 그 사람의 말을 따라야 한다고 했다. 군주가 인재 배치를 잘했을 때의 효과에 대해 다음과 같이 말했다.

"군주는 아무것도 하지 않아도 유람을 즐길 수 있고 신선과 같은 장수를 유지할 수도 있으며 거문고를 탈 수 있습니다. 또한 아무 것도 하지 않고 아무 말도 하지 않아도 세상이 저절로 다스려집니

다." (권1 군도 제14장)

직접 뭔가를 하지 않아도, 신경 써서 뭔가를 명령하지 않아도 세상을 다스릴 수 있는 인물이야말로 성천자(덕이 높은 황제)라는 것이 위징의 생각이었다. 어쩌면 위징은 노자의 무위자연(無爲自然) 사상에서 이상적인 군주의 모습을 찾았을지도 모른다. 무위자연이란 작위적으로 뭔가를 하거나 간섭하지 않고 자연체의 중요성을 설명하는 가르침이다.

위징은 '군주는 아무것도 하지 않는데 정신을 차려보면 사람들의 생활이 평온해져 있는 상태'가 이상적이라 보고 술책을 부리지 않아도 모든 일이 저절로 좋은 방향으로 나아가는 정치를 이세민이 펼쳐주기를 바랐다.

아무것도 하지 않는 것이 이상적인 리더라는 위징의 생각에 나도 공감한다. 아무것도 하지 않아도 조직이 움직일 수 있는 것은 적재적소에 사람을 배치했다는 증거이기 때문이다. 조직의 힘은 자산운용과 같아서 포트폴리오(인재 조합 및 배치)로써 정해진다. 즉 누구에게 무엇을 맡길지 결정하는 단계에서 그 조직의 성과가 대부분 결정된다.

해당 업무가 부하 직원의 적성에 적합한지 부적합한지, 업무를 수행할 만한 역량이 충분한지 부족한지를 간파하여 인재를 올바르게 배치하는 것이 리더의 임무다.

직장의 상황, 사회 변화, 부하 직원의 적성 등을 토대로 최적의 인재를 최적의 장소에 최적의 타이밍에 배치하면 리더는 아무것도 할 필요가 없다. 부하 직원이 알아서 사냥감을 잡아올 것이다.

리더가 갖추어야 할 10가지 사려와 9가지 덕행

———

이세민의 측근 위징은 역대 천자(天子)와 제위 계승자를 가장 가까이에서 관찰했고 다음과 같은 결론을 내렸다.

　　"군주를 멸망시키는 것도 백성이고 군주를 세우는 것도 백성이다. 군주는 백성에게 성실해야 한다." (권1 군도 제14장)

　　그리고 위징은 '군주가 마음에 담아두어야 할 10가지 사려(십사)와 쌓아야 할 9가지 덕행(구덕)'을 이세민에게 설명했다. 구덕은 공자가 편찬했다고 하는 오경(《역경》,《서경》,《시경》,《예기》,《춘추》) 중 하나인 《서경》에 쓰여 있는 가르침이다.

십사(十思)

① 갖고 싶은 것을 보면 즉시 족함을 알고 자신을 경계하라(思知足
　以自戒).

욕심 나는 것이 나타났을 때는 노자의 가르침, '분수에 맞게 만족할 줄 아는 사람은 넉넉하다(知足者富)'를 떠올려 스스로 경계해야 한다. '이것을 가지고 싶다' 하고 강렬한 탐욕이 일면 '지금 이대로도 충분하다' 하고 절제한다.

② 가능한 일만 하고 그칠 때를 알아서 백성을 안락하게 하라(思知止以安人).

궁전 증축 등 대규모 사업을 계획할 때는 노자의 가르침, '만족함을 알면 욕되지 않으며 그칠 줄 알면 위태롭지 않다(知足不辱 知止不殆)'를 떠올려 일단 멈춰 서서 재고해 백성을 혹사하지 않도록 한다.

③ 높고 위험한 일을 생각할 때는 겸손하게 자신을 다스려라(思謙沖而自牧).

큰 위험을 무릅써서라도 야망을 달성하려고 하면 안 된다. 자신의 능력을 과신하지 말며 '내 능력은 그다지 높지 않다' 하고 겸허히 자제해야 한다.

④ 자만하여 넘칠까 두려울 때는 강과 바다가 모든 냇물의 하류에 있음을 생각하라(思江海下百川).

좀 더 갖고 싶은 마음이 가득 차 넘칠 것 같으면 노자의 가르침, '강과 바다가 모든 골짜기의 왕이 될 수 있는 까닭은 모든 골짜기의 아래에 있기 때문이다(江海所以爲百谷王, 以其善下之)'를 떠올려 겸허하게 행동한다. 큰 바다는 수많은 작은 강물이 아래로 흘러 모여서 생긴 것이다.

⑤ 사냥을 즐길 때는 삼구(三驅)의 법도에 따라 짐승을 세 방향에
서만 몰아라(思三驅以爲度).

놀고 싶어지면 자기 스스로 제한을 정해서 절도를 지켜야 한다.

⑥ 태만이 두려울 때는 시작을 신중히 하고 끝을 조심하라(思愼始
而敬終).

나태해질 것 같으면 무슨 일이든지 열심히 했던 초심을 떠올린
다. 끝까지 해냈을 때도 거만하거나 자만하지 말고 겸허함을 잊
지 말아야 한다.

⑦ 의사소통의 단절이 걱정되면 허심탄회하게 아랫사람의 직언을
받아들여라(思虛心以納下).

자신의 눈과 귀가 막혔다는 생각이 들면 아랫사람의 의견을 솔
직하게 들어야 한다.

⑧ 간사한 자와 이간질이 염려되면 올바르게 행동하고 악을 멀리
하라(思正身以黜惡).

주위 사람들의 험담, 이간질, 중상모략이 걱정된다면 먼저 자신
의 행동을 바르게 해야 한다. 자신을 바로잡으면 악을 물리칠 수
있고 아랫사람이 권력자에게 빌붙을 일도 없다.

⑨ 은혜를 베풀 때 기쁨으로 말미암아 상을 잘못 내리면 안 된다
(思無因喜以謬賞).

신하의 공적을 칭찬할 때 상을 과하게 내리면 안 된다. 신하를 기

쁘게 하려고 아낌없이 베풀면 자칫 특정인이 점점 더 오만해질
수 있다.

⑩ 처벌할 때 노여움으로 말미암아 형을 남용하면 안 된다(思無因
怒而濫刑).

부하를 질책할 때 감정에 치우쳐 분노를 터뜨리면 안 된다.

구덕(九德)

① 관이율(寬而栗)

관대한 마음을 가지며 부정을 용서하지 않는 엄격함을 겸비한다.

② 유이립(柔而立)

온화한 자세를 갖추고 함부로 다른 사람과 다투지 않는다. 그러
나 자신이 해야 할 일은 반드시 해내는 힘이 있다.

③ 원이공(愿而恭)

성실하지만 거만하지 않고 정중하다.

④ 난이경(亂而敬)

사태를 수습할 능력이 있지만 신중하고 겸허하다. 상대방을 결
코 얕보지 않는다.

⑤ 요이의(擾而毅)

평소 거만하게 굴지 않고 조용하지만 심지가 굳고 태도가 의연
하다.

⑥ 직이온(直而溫)

정직하고 솔직하게 말하지만 냉담하지 않고 마음이 따뜻하다.

⑦ 간이염(簡而廉)

　모든 일에 있어 사소한 부분에 집착하지 않고 대략적으로 파악하지만 확실히 처리한다.

⑧ 강이색(剛而塞)

　강건하지만 마음이 풍족하다.

⑨ 강이의(彊而義)

　어떤 어려움에도 옳은 일을 끝까지 해내는 힘이 있다.

　리더는 십사구덕을 마음에 새기고 부하의 재능을 분별하여 인재 배치를 결정해야 한다. 심사숙고해 배치를 마쳤다면 나머지는 부하를 믿고 맡긴다. 쓸데없는 간섭이나 말참견을 하지 말고 부하가 제 뜻대로 역량을 발휘하도록 내버려두는 리더야말로 이상적인 리더다.

그릇은 키우는 것이 아니라 비우는 것

貞 觀 政 要

어떤 조직도 리더의 그릇을 초과할 수 없다

나는 인간의 능력은 다 거기서 거기라고 생각한다. 누구의 능력이 특출하게 높지도 않고 그릇 크기가 월등히 차이 나지도 않다고 생각한다.

《정관정요》를 보면 이세민도 내 생각과 비슷하지 않았나 싶다. 뭔가를 이루려고 해도 황제 혼자서는 아무것도 할 수 없다. 신하와 백성을 의지할 수밖에 없다.

남들과 별 다를 바 없는 자신이 혼자서 할 수 있는 일은 한정되어 있다. 즉 사업을 성장시키거나 나라를 풍요롭게 하는 것도 남의 힘을 빌려야만 한다는 뜻이다. 사람의 능력이나 시간이 유한한 이상 남에게 맡기는 것 말고는 조직을 강하게 만드는 방법이 없다.

나는 어떤 조직도 리더의 그릇을 초과할 수 없다고 생각한다. 역사를 보면 그 사실을 잘 알 수 있다. 그렇다면 리더가 그릇을 키우면 조직이 강해질까? 나는 어렵다고 본다. 애초에 인간이 가진 그릇의 대략적인 용량은 정해져 있어서 간단히 키울 수 없기 때문이다.

인간에게는 타고난 그릇(능력)이 있다. '노력하면 인간의 그릇은 커진다'라는 발상은 근거 없는 이상론에 불과하다. 부단한 노력을 하면 그릇이 아주 조금 커질 수는 있겠지만 약간의 차이일 뿐이며 크게 변화하지는 않는다.

예를 들어 나는 100미터 육상경기를 매우 좋아한다. 하지만 아무리 연습해도 11초대의 기록을 낼 수 없었다. 12초가 최선이었다. 그 이유는 내가 가진 스프린터로서의 그릇(재능)이 정해져 있기 때문이다.

차라리 리더의 그릇을 텅 비워라

———

기본적으로 타고난 그릇을 키울 수 없다. 그러나 그릇을 키울 수 없더라도 용량을 늘리는 방법은 있다. 바로 그릇의 내용물을 버리면 된다. 바꿔 말하자면 자신의 취향이나 가치관 등 고집하는 부분을 다 없애는 것이다. 지금껏 살면서 그릇에 넣은 것을 다 버리고 텅 빈 상태로 되돌리는 일은 쉬운 일이 아니다. 뛰어난 사람만이 할 수 있다.

지금 자신의 그릇 속(머릿속)에 들어 있는 호불호의 감정, 인생관, 허세, 욕구, 자신은 옳다는 억측, 주위 사람들은 잘못됐다는 편견, 거만한 자세 등을 다 버리고 무(無)로 만든다. 머릿속을 백지 상태로 되돌릴 수 있으면 그릇 크기를 키우지 않아도 새로운 생각을 흡수하여 자신을 올바르게 다스릴 수 있다.

약 2.5평짜리 집에 사는 사람이 짐이 늘어나 비좁아지자 4평짜리 새집으로 이사했다고 하자. 이때 짐을 버리지 않은 채로 이사하면 새집이 평수가 커졌다 해도 사용할 수 있는 공간은 1.5평 정도다. 하지만 짐을 버린다는 발상이 있으면 구태여 이사하지 않아도 된다. 2.5평 분량의 짐을 다 버리고 텅 비게끔 만들면 2.5평 분량의 공간을 확보할 수 있다. 무슨 일이든 잘 버리는 것이 중요하다.

또 하나 예를 들어보자. 일반적으로 중소기업에서는 채용 면

접을 전부 사장이 직접 한다. 좋은 인재를 직접 확인해서 채용하고 싶기 때문이리라.

그러나 결국 사장이 원하는 유형의 사람들만 선택되어 조직의 다양성을 잃어버리는 결과가 되고 만다. 이런 결과를 방지하려면 사장이 직접 채용 면접을 보는 방식을 버려야 한다.

도저히 버릴 수 없다면 간부급 인사를 채용할 때만 사장이 직

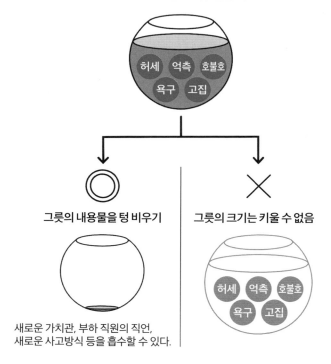

· 그릇은 키우지 않고 내용물을 버린다 ·

허세　억측　호불호
욕구　고집

그릇의 내용물을 텅 비우기

새로운 가치관, 부하 직원의 직언,
새로운 사고방식 등을 흡수할 수 있다.

그릇의 크기는 키울 수 없음

허세　억측　호불호
욕구　고집

접 관여하는 식으로 한정한다. 이와 같이 리더는 자신에게 틀을 부과하는 도량이 필요하다.

권력은 행사하지 않을 때 더 강해진다

———

정관 3년에 이세민은 신하인 방현령에게 다음과 같이 말했다.

"옛사람 중에서 나라를 좋은 방향으로 다스린 자는 반드시 자기 자신을 갈고닦는다. 그 몸을 갈고닦으려면 겸허함을 갖고 배워야 한다. 올바르게 배우면 그 몸도 가지런해진다. 그 몸이 가지런해지면 군주가 이것저것 명령하지 않아도 모든 일이 저절로 원활히 진행된다." (권1 정체 제2 19장)

이세민의 발언은 유가의 '수신제가 치국평천하(修身齊家治國平天下)'의 가르침을 인용한 것이다. 천하를 다스리려면 먼저 군주가 자신의 행위를 올바르게 통제해야 한다. 자신을 통제하려면 공부해야 한다. 공부할 때는 솔직함과 겸허함을 잊지 말고 옳은 가르침을 청해야 한다. 옳은 가르침을 배우면 올바른 군주가 될 수 있다. 그렇게 되면 천하는 저절로 평화로워진다. 이것이 이세민의 생각이었다.

중국의 황제는 신하의 생살여탈권이라는 강력한 무기가 있었다. 부하나 백성을 죽이고 살리는 것도, 주거나 빼앗는 것도 황제의 마음대로 할 수 있었다.

하지만 황제는 함부로 권력을 행사하면 안 된다. 권력은 올바르게 사용해야 하며 그러기 위해서는 황제 자신이 올바른 인간이 되어야만 한다. 이세민은 황제가 지닌 무기의 위력을 알았기 때문에, 그 힘으로 백성과 가신을 복종하게 하면 안 된다고 스스로 훈계했다.

《정관정요》에서 엿보이는 이세민의 사상에는 늘 공정함, 겸허함, 자제심, 자율심이 근본에 뿌리 내려 있다. 이를 바꿔 말하면 '이세민은 권력의 감각(질서의 감각)이 뛰어난 리더'라고 할 수 있다.

리더에게는 인사권, 결재권 등 강력한 힘이 있다. 인간이 현명하다면 그 힘이 아무리 커도 올바로 사용할 것이다. 그러나 유감스럽게도 인간은 불완전하고 어리석은 동물이다. 불완전하고 어리석은 인간이 무한한 힘을 손에 넣으면 어떻게 될까? 이세민은 그 무서움을 알았다. 권력은 최대한 쓰지 않는 것이 좋다.

이세민은 '몸을 갈고닦으려면 반드시 겸허함을 갖고 배워야 한다'라고 했다. 배움 앞에서 겸허하라는 뜻이다. 또 겸허해지려면 하찮은 자존심이나 수치심을 버리고 그릇을 무의 상태로 되돌려야 한다.

이세민이 부하의 직언을 받아들인 것은 그릇을 비웠기 때문이다. 지금까지의 가치관을 버린 것은 새로운 가치관을 받아들이기 위함이었다.

군주의 권한과
어부의 권한

貞 觀 政 要

군주의 권한과 어부의 권한에 경중은 없다

————

팀 리더나 팀원이나 조직을 운영하는 데 제 역할을 다할 뿐이다. 하나의 팀으로서 조직 운영에 필요한 일을 해내기 위해 팀 리더는 '장(長)'의 역할을 할당받은 것이지 절대 팀원보다 위대한 것은 아니다.

인간에게는 머리와 손발이 있지만 반드시 머리가 대단한 것은 아니다. 머리에는 머리의 역할이 있고 손발에는 손발의 역할이 있다. 조직도 마찬가지다. 저마다 제 역할을 충분히 발휘하면 결과가 더 좋아질 수 있다.

리더의 역할을 한마디로 말하자면 '방향을 파악해 조직을 정돈하는 것'이다. 지금 어느 방향으로 바람이 불고 사회가 어느 방향으로 변화하는지를 확인해서 그 변화에 적합한 인재에게 일을 맡긴다. 적재적소에 인재를 배치하여 팀 성과를 올리는 것이 팀 리더의 역할이다.

《정관정요》에서 신하 위징이 진문공(춘추시대 진의 군주. 춘추오패 중 한 명)의 고사를 인용해 리더의 역할을 설명한 구절이 있다.

문공이 사냥하러 나가 사냥감을 쫓던 중 습지대에서 길을 잃고 말았다. 그러다 한 어부와 만났다. 문공은 "나는 그대의 주군일세. 길을 알려주면 사례하겠네."라며 어부에게 길 안내를 부탁했다. 두 사람이 습지대 밖으로 나온 후 어부는 문공에게 다음과 같이 말했다.

"황새나 백조와 같은 커다란 새는 황하와 바다 등 넓은 장소에 서식합니다. 하지만 그곳에 있는 게 싫어져서 작은 골짜기로 이동하면 어떻게 될까요? 눈에 띄어서 공격당할지 모릅니다. 군주가 있어야 할 장소는 넓은 장소이지 골짜기와 같은 좁은 장소가 아닐 것입니다. 그런데 왜 이렇게 멀리까지 찾아오셨습니까? 만일의 위험이 있으면 어찌하려 하십니까?"(권5 논충의 제14 8장)

어부는 '자신의 역할을 잊으면 안 된다'라는 뜻을 전하고 있다. 군주의 역할은 사냥이 아니라 나라를 다스리는 것이다. 사냥은 사냥꾼의 역할이다. 사냥감이 필요할 때 군주는 전문 사냥꾼에게 맡기면 된다.

군주가 사냥을 하면 사냥꾼의 일을 빼앗는 것이다. 아무리 군주라 해도 사냥꾼의 역할을 함부로 빼앗으면 안 된다. 열중해서 사냥감을 쫓는 군주는 권한의 감각이 없는 것이다.

군주는 신하의 권한을 대행할 수 없다. 이것이 이세민이 군신에게 권한을 부여할 때 가진 기본적인 생각이다. 일단 권한을 위양하면 그 권한은 신하의 고유한 것이므로 군주라고 해도 말참견해서는 안 된다.

리더는 권한의 감각을 절대 잃으면 안 된다

———

문공의 고사를 인용했다는 점에서 위징의 현명함을 엿볼 수 있다. 문공은 19년 동안 여러 나라를 방랑한 후 군주가 된 인물로 대기만성형으로 유명하다. 고생에 고생을 거듭하며 인생의 쓴맛 단맛도 다 겪어 세상 물정에 밝은 진나라의 문공조차 무의식 중에 권한의 감각을 잃고 사냥에 열중했다.

이세민은 문공보다 더 젊고 경험도 적다. 지금보다 더 자신을 갈고닦고 경계해야 나라를 풍요롭게 할 수 있다. 위징은 그 사실을 이세민이 깨닫도록 문공의 고사를 예로 들었던 것이다.

이어지는 고사에서 문공은 이야기를 마친 어부에게 좋은 것을 알려 주었다며 칭찬하고 포상을 내리려고 했다. 하지만 어부는 이를 거부했다. 지금 여기서 포상을 받지 않아도 군주가 군주로서의 역할을 다하고 좋은 정세로 나라를 풍요롭게 하면 자신도 그 은혜를 얻을 수 있다는 이유로 말이다.

군주가 본래의 역할을 다하지 않으면 지금 당장 포상을 받아도 결국은 빈곤해지고 만다. 이를 문공이 알아주기를 바라며 어부는 포상을 단호히 사양했다.

강한 국가를 만들려면 군주, 군신, 백성 모두가 주어진 역할에 힘을 쏟아야 한다. 인간에게는 저마다 속한 조직에서 맡은 역할과 그에 맞는 권한이 있다. 자신의 역할이 아닌 일에는 상관하지 말아야 한다.

특히 리더는 '권한을 부여하면 나중에 되찾을 수 없다', '상사라고 해도 부하 직원의 권한을 대행할 수 없다' 등 권한의 감각을 터득해야 한다. 또한 그 전에 먼저 '리더는 전지전능하지 않음'을 자각해야 한다.

기쁘게끔 하려 말고, 노엽지 않게 하라

貞 觀 政 要

리더가 부하 직원을 배려한다는 것

이세민은 《논어》에 있는 공자와 제자의 대화를 인용하며 다음과 같이 말했다.

> "한마디로 한평생을 지킬 수 있는 것이 있다. 그것은 '배려'라는 말이다." (권6 논검약 제18 3장)

여기서 말하는 배려란 자신이 원하지 않는 일은 남에게도 시키지 않는 것이다. 가령 멋진 궁전을 짓는 것은 황제가 바라는 일이지 백성이 바라는 일이 아니다. 백성은 고생하거나 피곤해지는 일을 결코 바라지 않는다.

리더는 큰 권한을 갖고 있지만 그렇다고 해서 전지전능하지 않다. 즉흥적인 생각으로 무리한 일을 지시하는 등 아무런 사려도 없이 권한을 내세우면 아랫사람들은 고생해서 피폐해질 뿐이다.

이를 잘 알고 있던 이세민은 가신에게 "위에 서는 사람은 백성의 기분을 헤아려서 정치해야 한다."라고 말했다. 아랫사람이 기꺼이 따라야 훌륭한 리더가 아닐까.

'해줬으면 하는 일'과 '싫어할 일'

상대방을 어떻게 하면 기쁘게 할 수 있을지를 예상하기란 쉬운 일이 아니다. 저마다 취미와 기호가 다르기 때문에 모든 사람이 만족하는 요구를 좀처럼 골라낼 수 없다. 상대방이 잘되라고 생각해서 한 일이 불쾌감을 줄 수도 있다.

그러나 모든 사람이 기뻐할 일을 예상하기는 어려워도 모든 사람이 싫어할 일을 예상하기는 비교적 쉽지 않을까? 기분이 좋아질 일은 사람마다 천차만별이라도 싫어하거나 거북해할 일은 비슷하기 때문이다.

비즈니스 현장에서도 마찬가지다. 저마다 하고 싶은 일은 다르지만 하고 싶지 않은 일은 대부분 같다. 업무 성격으로 말하자면 상사의 즉흥적인 발상이나 상사 개인의 만족을 위한 일, 시간과 노력만 쏟을 뿐 실제로는 생산성 향상에 전혀 도움이 안 되는 일 등이 있다. 그런 일을 하고 싶은 부하 직원은 없으리라.

리더는 부하 직원이 기분 좋게 일할 수 있도록 '남이 해줬으면 하는 일'인지보다 '남도 싫어할 일'인지를 우선 고려해야 한다. '상대방이 좋아할 일을 넘기는 배려'보다 한발 앞서 '상대방이 싫어할 일을 넘기지 않는 배려'를 해야 한다.

자신이 하고 싶지 않은 일은 상대방에게 넘기지 않는다. 이것이 위에 서는 사람의 최소한의 규칙이다. 리더는 기본적으로 그 정도의 분별력을 가져야 한다.

마지못해 따르는 리더 vs.
진심으로 따르는 리더

貞 觀 政 要

군주는 그릇이요 백성은 그릇에 담길 물이다

이세민은 옛사람의 말을 인용하여 사회가 좋아지고 나빠지는 것은 위에 서는 사람의 그릇에 따라 정해진다고 설명했다.

"옛사람들은 이르기를 '군주는 그릇과 같고 백성은 그 그릇에 들어가는 물과 같다. 그릇이 네모나면 물도 네모나지고 그릇이 둥글면 물도 둥글어진다'고 했다. 고대 전설상의 제왕 요와 순은 인애의 마음(인정이 많은 마음)으로 백성을 따르게 했다. 반대로 고대 악한 왕의 대표인 하의 걸과 상의 주는 포악함으로 백성을 따르게 했다. 즉 백성의 생활은 위정자에 의해 감화된다." (권6 신소호 제211장)

'요순'과 같은 인애의 그릇이든 '걸주'와 같은 포악한 그릇이든 어떤 그릇을 가진 군주이든 백성을 따르게 할 수 있다. 그러나 백성의 마음은 전혀 다르다.

요순은 덕으로 사람들을 대하며 신뢰를 얻었다. 그래서 백성은 '이 군주를 따라 가야겠다'라고 진심으로 따랐다.

한편 '걸주'는 권력을 등에 업었을 뿐이다. 자신의 지위를 이용하여 강제적으로 따르게 한 것에 지나지 않는다. 백성은 군주를 신뢰하지 않았고 겉으로만 따르는 척했을 뿐이다.

올바른 그릇에 담길 수 있도록

조직 관리를 원활하게 하려면 사람의 마음을 사로잡는 것이 가장 중요하다. 이는 국가든 직장이든 어떤 조직이든 상관없이 마찬가지다.

예전에는 '내가 상사다. 내 말을 들어라', '잠자코 나를 따라와라' 하고 권력을 휘둘러 부하 직원이 따르게 하는 경영 방식이 통했다. 하지만 오늘날은 그 수법으로는 사람이 따라오지 않는다.

상사에게는 인사권이 있다. 부하 직원이 상사를 따를 때 단순히 인사권이 두렵기 때문일 수도 있다. 즉 '이 상사는 믿을 수 있으니 따라가자'라는 것이 아니라 '이 상사에게 생사여탈권이 있으니 따라가자'라는 속마음일 수 있다.

인사권을 슬쩍 비쳐서 반강제적으로 부하 직원을 움직이는 것과 부하 직원에게 권한을 위양하고 일을 맡겨 움직이는 것은 하늘과 땅만큼의 차이가 있다.

물은 네모난 그릇이든 둥근 그릇이든 다 들어간다. 부하 직원은 어떤 상사든지 따를 수 있다. 하지만 자신의 그릇에 물이 들어 있다고 해서(부하 직원이 지시를 따른다고 해서) 리더는 안심하면 안 된다. 부하 직원이 자신을 진심으로 따르는지, 어쩔 수 없이 따르는지는 알 수 없기 때문이다.

인간은 아무렇지 않게 면종복배(面從腹背)할 수 있는 동물이다. 리더는 숙고를 거듭한 후 물(부하 직원)을 바른 용기에 넣어야 한다.

리더라면 귀와 입에는 중요한 것만 담는다

貞 觀 政 要

인간은 보고 싶은 것만 본다

《삼국지연의》의 전반부 최대 하이라이트는 '관도대전(官渡大戰)'
이다. 화북의 2대 세력이었던 '원소'와 '조조'가 관도대전에서
격돌한다. 승리한 사람은 조조였다.

관도대전의 전리품은 눈이 휘둥그레질 만한 것이었는데, 몰
수한 서류 중에 조조의 부하들이 원소에게 보낸 편지가 다수 있
었다. 조조의 부하들이 원소와 내통하여 전쟁의 판국에 따라 적
에게 붙으려고 획책한 것이다.

그러나 조조는 편지를 보지 않았다. "나도 기분이 동요될 정도였다. 하물며 다른 사람들이라면 더할 것이다. 부하들이 배신했다고 해도 비난할 수 없다."라며 내통자들의 편지를 뜯어보지도 않고 그 자리에서 태워버렸다.

부하들의 심중을 헤아린 조조의 태도는 리더로서 훌륭하다. 하지만 조조가 편지를 읽지 않은 것은 부하를 헤아리기 위해서만이 아니라 자신의 마음을 지키기 위함일지 모른다.

편지 내용을 읽으면 아무개에게 배신당했다는 사실이 더 깊이 와닿았을 것이다. 그러다 보면 자칫 그 생각에 계속 사로잡혀서 마음의 건강을 해칠 수 있다.

편지 내용을 알면 기억에 새겨져 잊을 수 없다. 자신에게 불리한 점을 언제까지나 기억하면 마음이 병들고 만다. 그렇다면 처음부터 읽지 않는 편이 좋다. 조조는 그렇게 생각해서 편지를 읽지 않고 불태워버린 것이 아닐까?

인간은 보고 싶은 것만 보는 습성을, 보고 싶은 대로 현실 세계를 유리하게 변환하는 습성을 지닌 동물이다. 카이사르(고대 공화제 로마 말기의 군인, 정치가)도 "사람의 눈에 모든 현실이 보이는 것이 아니며 대부분의 사람들은 보고 싶은 현실만 본다."라고 지적했다. 보고 싶지 않은 것을 보지 않는 것은 인간이 지닌 자위의 수단일 수 있다. 보고 싶지 않은 것을 보지 않으면 그 일은 없던 일이 되므로 마음의 평정을 유지할 수 있기 때문이다.

리더의 역할 범위를 이해해야 한다

――――

《정관정요》에도 마음의 평정과 관련한 내용이 나온다. 다음은 가신 유계가 이세민에게 올린 진언이다.

> "많은 것을 잊지 않고 기억하면 마음을 해칩니다. 또 많은 것을 말하면 기분을 해칩니다. 안으로 마음과 기분을 해치면 밖으로 육체와 정신을 피곤하게 합니다." (권6 신언어 제22 3장)

여기서 말하는 '많은 것'이란 사소한 것이다. 마음을 건강하게 유지하려면 정말로 중요한 것만 기억하면 된다. 사소한 일까지 이런저런 고민을 하면 마음이 병든다고 유계는 지적했다.

말할 때도 정말로 중요한 말만 하면 된다. 리더의 말은 리더가 생각하는 것보다 더 무겁다. 한 번 뱉은 말은 돌이킬 수 없다. 깊이 생각하지 않고 말하면 나중에 모순이 생기거나 남(부하 직원)을 상처 입히거나 '왜 그런 말을 했을까' 하고 후회하게 되어 결과적으로 자신의 마음을 해치게 된다.

마음이 병들면 몸도 병든다. 군주가 병들면 나라와 백성 모두 병들고 만다. 상사가 병들면 부하 직원도 병든다. 위에 서는 사람이 올바른 판단을 하려면 무엇보다도 몸과 마음의 건강이 중요하다. 마음이 어지러워지지 않도록 정보를 취사선택해야 한다. 위에 서는 사람은 뭐든지 알고 싶어 하거나 말하고 싶어 하면 안 된다. 유계는 이세민에게 이를 전하고자 했다.

나는 시시콜콜한 대화를 좋아해서 나도 모르게 참견하는 버릇이 있다. 생명보험회사에서 국제업무 부장을 맡았을 때 "부장님이 몰라야 행복한 일도 있습니다. 저희가 할 수 있는 일은 저희에게 맡기시는 게 어떨까요."라고 부하 직원에게 직언을 들은 적이 있다.

리더에게는 자신이 해야 할 일의 범위를 파악하는 능력이 필요하다. 이 또한 중요한 권한의 감각 중 하나다. 자신의 역할과 관계가 있는지, 없는지 그 범위를 정확히 이해해서 자신의 역할과 관계없는 일은 보지도 않고 듣지도 않는다. 그리고 말참견도 하지 않는다. 그것이 부하 직원을 자유롭게 일하게 하는 동시에 리더가 몸과 마음의 건강을 유지하는 최선책이다.

貞觀政要

사장에게 필요한
세 가지 거울

보좌 없이는 명군도 없다

貞 觀 政 要

패업과 정권을 뒷받침한 명콤비, 방현령과 두여회

이세민은 유능한 인재를 등용하여 능력을 발휘하게 하는 동시에 그들의 직언에 귀 기울이며 늘 자기 자신을 규제했다. 이세민의 특출한 점은 자신이 신하를 훈계하고 지도할 뿐만 아니라 신하의 직언을 기꺼이 받아들였다는 것이다.

이세민에게는 수많은 측근(18학사, 24공신)이 있었는데 그중에서도 방현령, 두여회, 위징은 우수한 중신이었다. 이 중 방현령과 두여회는 이세민이 즉위하기 전부터 그를 보좌했다.

이건성은 이세민의 암살을 꾀했을 때 이세민의 심복으로 간주되는 방현령과 두여회를 내쫓으려고 했다. 그는 아버지 이연에게 중상모략을 시도해 이세민에게서 두 사람을 멀리 떼어놓았다. 그런 방해에도 이세민은 방현령과 두여회를 도사로 변장시켜 자택에 불러들여 대책을 협의했고 형과 동생을 활로 쏘는 데 성공했다.

방현령은 두여회와 함께 당나라의 모든 제도를 만들어 정관의 치를 이루는 데 기여한 중심인물 중 한 명으로 15년에 걸쳐 당나라의 재상을 맡았다. 당나라 초에는 인재 양성 및 추천에 힘써서 수많은 가신을 모았다. 두여회의 재능을 간파해서 이세민에게 추천한 사람도 방현령이다. 그는 정사 편찬에도 관여하여 《진서(晉書)》, 《양서》, 《진서(陳書)》, 《북제서》, 《주서》, 《수서》를 총감독했다.

두여회는 방현령의 추천으로 이세민의 신하가 된 인물이다. 방현령이 계략과 전략의 기획력이 뛰어났다면, 두여회는 정치와 군사에서의 결단력이 뛰어났다.

방현령과 두여회는 이세민의 패업과 그 후의 정권 유지를 뒷받침한 콤비로 아울러 '방두(房杜)'로 일컬어지는 명재상이다.

리더가 듣기 거북해하는 말을 멈추지 않는 위징

방현령과 두여회가 정치를 책임지고 관리했다면, 위징은 이세민의 측근에서 직언하며 보좌의 임무를 다했다. 처음부터 측근이었던 방현령과 두여회에 비해 위징은 방계에 해당한다.

'인생감의기(人生感意氣, 인생을 살면서 의기를 느낀다)'라는 시로 유명한 위징은 이세민의 적이었던 형 이건성을 지지한 인물이다. 위징은 이건성에게 "당신의 동생인 세민은 능력과 야망이 월등히 높으니 빨리 죽이세요. 그렇게 하지 않으면 당신이 살해당할 것입니다."라고 계속 진언했다. 그러나 우유부단한 이건성은 결단하지 못했다. 그러는 사이에 동생이 먼저 움직였고 그의 진언대로 형 이건성은 살해당하고 만다.

이건성이 살해당한 후 위징은 범죄자로서 이세민의 앞에 섰다. 이세민이 "형에게 나를 죽이라고 계속 말한 자가 그대인가?"라고 물었고, 위징은 의연하게 "네, 그렇습니다. 당신의 형님이 좀 더 똑똑해서 빨리 당신을 죽였으면 나는 이렇게 죄인이 되지 않았을 텐데."라고 답했다.

위징의 대답을 듣고 이세민은 오히려 그의 견식과 강직함을 높이 평가했다. 그리고 그를 간의대부로 임명하며 "앞으로 잠시도 내 곁을 떠나지 마라. 그리고 내 험담을 계속해주게."라고 당부했다. 간의대부란 황제가 나쁜 시정을 한 경우에 충고하는 관리직이다.

위징이 죽었을 때 이세민은 '세 가지 거울'을 이야기하며 그의 죽음을 다음과 같이 애도했다.

"구리를 거울로 삼으면 의복과 옷차림을 정돈할 수 있다. 역사를 거울로 삼으면 인간 세상의 흥망성쇠를 알 수 있다. 사람을 거울로 삼으면 자신의 행위를 바로잡을 수 있다. 혹독한 말을 해주는 위징은 거울과 같은 존재였다. 위징을 잃고 나는 거울 한 면을 잃었다."

자신의 주위에는 권력에 붙어 으스대는 자들뿐이라서 아무도 자신에게 충고해주지 않고, 자신의 진정한 모습을 알려주는 사람은 이제 사라졌다고 이세민은 위징의 죽음을 한탄하며 슬퍼했다.

《정관정요》에는 위징과 비슷한 왕규라는 인물도 등장한다. 왕규는 이세민의 암살을 꾀한 죄로 유배당한다. 이후 이세민에게 그 재능을 인정받아 간의대부로 임명되었다. 이세민은 "왕규가 간의대부로 있어주면 내가 과실을 저지르지 않는다."라며 왕규의 직언에 고마워했다고 한다.

이세민은 자신의 목을 칠 수도 있는 인물이라도 실력이 있으면 죽이지 않고 곁에 두었다. 자신을 적대하는 사람이라도 됨됨이를 보고 그 인물을 중용할지 말지 결정했다.

이세민(당태종)과 세 공신의 관계

【수】 문제

【수】 양제 　부하에게 살해당한다.

【당】 이연 (고조) 　**초대 황제**

(장남)　　(차남)　　(사남)

이건성 **VS** 이세민 **VS** 이원길

이세민이 형제들을 배척하고
(현무문의 변)
아버지 이연을 유폐한다.

【당】 태종 이세민 　**2대 황제**

공신들

방현령 　상서좌복야(초창기부터 측근)

두여회 　상서우복야(초창기부터 측근)

위징 　간의대부(예전에는 이건성을 섬긴 방계)

왕규 　간의대부(예전에는 이건성을 섬긴 방계)

《정관정요》에 등장하는 주요 인물

이세민(당태종)
당의 2대 황제

위징
간의대부

두여회
상서우복야

방현령
상서좌복야

2장 | 사장에게 필요한 세 가지 거울

몽골제국의 5대 황제 쿠빌라이(재위 1260~1294년)는 역사상 가장 유능한 리더 중 한 명이다.《정관정요》가 지금 세상에 전해지는 것은 쿠빌라이가 대출판사업을 일으켜 중국 서적을 대량으로 인쇄한 덕분이다. 쿠빌라이는 사상, 신조, 종교 등을 현실 정치와 분리해서 생각하고 중국인, 페르시아인, 아랍인 등 다양한 나라와 지역에서 우수한 인재를 등용했다. 말하자면 다양성의 선구자라 할 수 있다.

불세출의 명군 쿠빌라이는 평생에 걸쳐서 '위징 같은 존재'를 찾았다고 한다. 대제국을 세운 걸출한 리더이면서도 '자신에게는 아직도 부족한 점이 있지 않을까?'라며 자신을 다스리고 '너는 벌거벗은 임금님이다'라고 훈계해줄 존재를 찾았다.

듣기 좋은 말만
듣고 있지 않은가?

貞 觀 政 要

훌륭한 군주와 어리석은 군주

정관 2년에 이세민이 신하 위징에게 "어떤 인물이 훌륭한 군주고 어떤 인물이 어리석은 군주라고 생각하는가?"라고 질문했다. 그러자 위징은 즉시 대답했다.

"군주가 훌륭한 군주로 불린다면 그 이유는 많은 사람의 의견을 듣고 이용하기 때문입니다. 반대로 어리석은 군주로 불린다면 그 이유는 한 사람이 하는 말만 믿기 때문입니다." (권1 군도 제1 2장)

많은 사람의 의견을 들어야 하는 이유는 보는 사람에 따라 세상을 바라보는 관점이 다르기 때문이다. 예를 들면 소비세 경감세율(특정 물건에 낮게 설정되는 세율)에 대해 어떤 사람은 "식료품이나 생활필수품의 세율이 오르지 않으면 싸게 살 수 있어서 기분 좋다."라는 의견이었다.

그런데 경감세율은 고소득자에게도 적용되기 때문에 실제로 경감되는 금액으로 비교하면 고소득자가 경감액이 더 커진다. 이 사실을 알고 나자 그 사람은 "뭐야. 결국은 부자한테 퍼주는 대책이잖아? 말도 안 되는 소리야!"라며 의견이 정반대로 바뀌었다.

저소득자 또한 경감세율의 혜택을 받는다. 날마다 구입하는 생활필수품이 저렴해지는 것은 사실이다. 거짓이 아니다. 고소득자의 경감액이 커지는 이유는 고소득층이 고급 식료품 등에 많은 돈을 쓰기 때문이다. 즉 저소득자와 고소득자를 비교해보면 그 사람의 생각은 또다시 달라질 수 있다.

모든 일은 보는 각도에 따라서 선이 되기도 하고 악이 되기도 한다. 따라서 매사를 공평하고 객관적으로 평가하려면 다양한 관점에서 도출된 의견을 모아야 한다.

위징은 이세민에게 '360도 평가'의 중요성에 대해 전했다. 360도 평가란 여러 사람이 평가하는 방법을 말한다. 평가하는 사람들의 평가 차이에 주목하면 모든 일을 정확하고 입체적으로 파악할 수 있다.

생명보험회사에 근무하던 때 대화를 나누는 게 껄끄러운 상대(A씨)가 있었다. 말이 너무 장황해서 도대체 생산적인 대화를 나눌 수 없었기 때문이다.

어느 날 A씨가 나를 찾아와 평소처럼 장황하게 이야기를 시작했다. A씨를 상대할 마음이 들지 않던 나는 평소처럼 일하면서 대강 들었다. 30분 정도 지나고 겨우 A씨가 자리로 돌아가자 이번에는 부하 직원 B가 말을 걸었다.

"팀장님, 잠깐 시간 괜찮으세요?"

B는 나를 별실로 데려가더니 예상치 못한 말을 했다.

"팀장님의 태도는 리더로서 올바르지 않다고 생각합니다. A씨는 연장자인데도 일부러 팀장님의 의견을 구하러 왔습니다. A씨가 이야기할 때는 눈을 보고 차분히 들어야 하지 않을까요? 아무리 A씨가 장황하게 이야기를 늘어놓더라도 인내심을 수련한다는 마음으로 들어야지요. 팀장님은 우리 팀의 리더 아니십니까."

그날 이후 A씨가 모습을 보이면 B가 '인내, 인내' 하고 입모양으로 속삭였다. 나도 '이건 인내의 수련이야' 하고 자신을 타이르며 참는 것을 배웠다. 내가 어리석은 팀장이 되지 않은 것은 부하 직원 B의 직언 덕택이다.

리더는 대화 상대를 고르면 안 된다

《정치의 서》는 셀주크 왕조(현재의 중앙아시아, 이란, 이라크, 터키를 중심으로 존재한 이슬람 대왕조) 최고 번영기였던 11세기에 재상으로 활약한 니잠 알 물크가 쓴 정치론 명저다.

이 책에 인내의 중요성을 전하는 일화가 소개되어 있다. 7세기에 성립한 우마이야 왕조의 초대 칼리프(무함마드의 대리인)였던 무아위야의 일화다.

무아위야가 대신들을 모아 한창 내각 회의를 하는 중이었다. 그때 가난한 옷차림을 한 청년이 모습을 보이며 무아위야에게 진정한다.

"저는 독신입니다. 그리고 무아위야 님의 어머님도 독신이라고 들었습니다. 저와 어머님이 결혼하면 독신자 두 명이 사라지고 한 쌍의 커플이 탄생합니다. 그렇게 하면 알라는 기뻐하실 것입니다. 그래서 무아위야 님께 저와 어머님을 중매해달라고 이 자리에 왔습니다."

대부분의 대신들이 "무슨 말을 하는 거냐!", "빨리 내쫓아라!"라며 분개하는 가운데 무아위야는 빙그레 웃으며 고개를 끄덕이고 청년에게 물었다.

"그런데 그대는 어찌하여 내 어머니를 신부로 맞이하고 싶은가? 내 어머니는 이미 이도 다 빠진 노파일세. 어디에 매력이 있나?"

"무아위야 님의 어머님은 엉덩이가 매우 크다고 들었습니다. 저는 엉덩이가 큰 여성을 매우 좋아합니다."

"그렇군. 돌아가신 내 아버지도 어머니의 큰 엉덩이에 반했는 지도 모르지. 그 결과로 내가 태어났을 것이야. 좋아. 그대와 어 머니 사이를 중매하는 데 나만큼 어울리는 자도 없군. 이번에 어 머니에게 물어보기로 하지. 그리고 어머니가 좋다고 하시면 그 대에게 연락하겠네."

무례한 진정에도 표정 하나 바꾸지 않고 마지막까지 상냥하 게 귀 기울인 무아위야를 보며 대신들은 '역시 남의 위에 서는 분은 달라. 우리는 도저히 무아위야 님처럼 참을성이 많고 관대 해질 수 없어' 하고 감탄하며 넙죽 엎드렸다고 한다.

무아위야는 논의할 가치도 없다며 군주의 힘을 행사해 쉽게 돌려보낼 수도 있었다. 그렇게 하지 않은 무아위야는 '360도 평 가'의 중요성을 이해했던 명군이라 할 수 있다.

리더의 중요한 일 중 하나는 '사정을 모르는 상황에서 이쪽인 지 저쪽인지 판단을 내리는 것'이다. 그때를 위해서라도 정보는 많아야 좋다. 상대방을 고르지 말고 늘 여러 사람의 이야기에 귀 를 기울여야 한다.

호불호로 대화 상대를 고르면 안 된다. 권력자에게 빌붙거나 아첨을 잘하는 직원의 이야기만 들어봤자 상사에게 유리한 정보만 얻게 될 뿐이다.

　오히려 리더는 궁합이 나쁜 사람, 싫어하는 사람, 엄격한 말을 하는 사람의 의견에 귀를 기울여야 한다. 이들의 의견을 정면으로 받아들이는 자세가 필요하다.

기와를 다룰 때와
철을 다룰 때

貞 觀 政 要

뛰어난 공인 없이 보석은 빛나지 않는다

정관 시대 초기에는 전란이 이제 막 수습된 터라 군신들은 "도덕이나 인경을 중시하는 정치로는 백성을 다스릴 수 없다. 법률과 권력으로 엄격하게 관리해야 한다."라고 주장했다.

하지만 위징만은 생각이 달랐다. "인간의 선의를 믿는 정치를 해야 한다."라고 주장했다.

이세민은 위징의 말을 따라 인의도덕(仁義道德, 인간으로서 지켜야 할 바른길)으로써 하는 정치를 게을리하지 않았고, 그 결과 나라 안은 평화로워졌다.

이세민은 무기를 쓰지 않아도 평화로운 상태를 만들어준 것은 다 위징의 힘이라고 생각해 위징의 존재를 다음과 같이 칭송했다.

> "보석은 훌륭한 소질이 있어도 양공(능력이 뛰어난 공인)이 연마하지 않으면 기와나 돌멩이와 다름없다. 나에게는 타고난 소질은 없지만 위징이 인덕과 도덕의 중요성을 알려준 덕택에 군주로서의 공적을 쌓아 올릴 수 있었다. 즉 위징은 양공으로서의 가치가 있다는 말이다." (권1 정체 제29장)

그러나 위징은 "천하가 평안해진 것은 폐하의 덕이 나라 안팎으로 퍼져나갔기 때문이지 우리 신하의 힘이 아닙니다. 어찌 군주의 공적을 제 것으로 할 수 있습니까?"라고 답하며 찬사를 받으려고 하지 않았다.

또한 훗날 위징은 "필사적으로 이세민을 연마하고 있지만 이세민은 전설의 성천자였던 요왕, 순왕, 우왕의 수준에는 아직 미치지 못한다. 이세민이 훌륭한 보석이 되지 못한 것은 내 연마 방법이 무른 까닭이다. 내 능력이 부족해서 부끄럽다."라고 말했다.

위징의 뜻은 한없이 높았다. 이세민을 완전히 연마하지 못한 자신이 한심해 찬사를 순순히 받아들이지 못한 것이리라. 이런 일화들은 지도하는 쪽에도 지도받는 쪽에도 남다른 각오가 필요하다는 것을 알려준다.

때리면 부서지는 사람과 때리면 성장하는 사람

위징의 뛰어난 점은 이세민이 '때려야 성장하는 유형'의 리더임을 알고 직언했다는 것이다. 상대방의 유형을 파악하는 능력은 현대 비즈니스 현장에서 부하 직원을 대할 때 빛을 발한다. 팀 리더는 부하 직원이 어떤 유형인지 확인하고 해당 유형에 적합한 방법으로 능력을 연마시켜야 한다.

인간의 유형은 크게 '기와 유형'과 '철 유형'으로 나뉜다. 기와 유형은 천천히 키워야 성장하는 유형이다. 기와 유형을 때리면 갈라져서 흙덩이가 되어 쓸모없어진다. 한편 철 유형은 때려야 성장하는 유형이다. 중대한 일에서 임무를 부과하면 철보다 더 강한 강철로 변화한다.

하지만 부하 직원이 철 유형이라고 해도 너무 세게 때리면 강철이 되기 전에 부서진다. 철 유형을 때릴 때는 그 사람이 도망갈 길을 만들어놓는 것이 요령이다. 생명보험회사에서 근무하던 때 상사에게서 이런 말을 들었다.

"제방을 만들 때는 물이 빠지는 길을 마련해놓아야 하네. 물길을 만들어놓으면 그곳에서 물이 흘러나가므로 제방이 터지지 않거든. 하지만 물길을 만들어놓지 않으면 점점 물이 넘쳐흘러 제방이 무너져버려. 부하 직원을 단련시킬 때도 마찬가지야. 도망갈 길을 준비해놓지 않으면 상대방은 막다른 지경에 몰려서 궁지에 몰린 쥐가 고양이를 물 듯이 행동할걸세."

다시 말해 철저히 때리기만 하면 안 된다는 뜻이다. 위징은 이런 점을 근거로 상사인 이세민을 '때린' 것이다. 위징은 이세민을 위해서 진심으로 직언했다. 여기에는 상당한 각오가 필요하다. 직언 중에는 혹독한 비판도 있었기 때문에 군주에게 권한의 감각이 없으면 위징은 참형에 처했을지도 모른다.

원석이 보석이 되려면 연마하는 사람의 역량은 물론이고 연마를 당하는 쪽의 각오도 필요하다. 이세민은 직언을 받아들일 각오가 서 있었다. 그는 한발 뒤로 물러나서 위징이 하는 말을 이해하고 솔직하게 따랐다. 위징 또한 이세민에게 부하의 지적을 받아들일 각오가 서 있음을 알았기 때문에 거리낌 없이 직언할 수 있었다.

병을 다스리듯
조직을 다스리라

貞 觀 政 要

참는 것도 리더의 능력

위에 서는 사람에게는 인사권으로 상징되는 강력한 권한이 있다. 최상위 위치에 있는 황제가 그 권한을 휘두르면 원하는 것은 뭐든지 손에 넣을 수 있다.

하지만 황제가 권한을 사용할수록 백성과 신하가 괴로워진다. 다른 사람의 위에 서는 사람은 제멋대로 행동해서는 안 된다. 참아야 한다. 그리고 자신의 권한을 올바르고 절도 있게 사용해야 한다.

이세민은 자신이 가진 권한의 위력을 잘 알았다. 그리고 욕심은 인간의 도리에서 벗어나는 것 또한 알았다.

"지도자는 자신이 좋아하는 것에 신중해야 한다. 자신이 바라면 사냥에 사용하는 매와 개와 명마도, 자신이 좋아하는 음악과 여성과 진수성찬도 즉시 눈앞에 갖춰놓을 수 있다. 그러나 그런 행동은 인간의 도리를 저버리는 것이다. 또한 군주가 그렇게 하면 자신의 눈치를 살피는 부하만 생긴다. 임용하는 가신 중에 현명한 자가 없으면 국가는 멸망할 것이다." (권1 정체제 214장)

이세민의 발언에는 두 가지 의미가 포함되어 있다. 하나는 '권한을 함부로 휘두르지 말고 참겠다'라는 이세민의 결의다. 또 하나는 '내가 제멋대로 굴면 '그것은 잘못됐다'라고 충고해달라'라는 부하에게 하는 요청이다. 다시 말해 이세민은 부하들을 모아서 "나도 제멋대로 굴지 않게 노력하겠다. 그러니 너희들도 내 잘못을 지적해라."라고 부탁한 것이다.

잘못이 있으면 지적해달라고 부하에게 부탁하는 리더는 사실 드물지 않다. 하지만 권한을 함부로 휘두르지 않고 참겠다며 자제하는 점에서 이세민의 뛰어난 리더로서의 자질을 엿볼 수 있다.

부하에게 잘못을 지적해달라고 의뢰해놓으면서 막상 혹독한 말을 들으면 참지 못하고 "자네가 뭘 안다고!" 반박하는 상사가 대부분이지 않은가? 이세민은 달랐다. 군주와 신하를 대등하게 생각했으며 부하에게 직언하게 한 이상 자신도 당연히 참아야 한다고 생각했다.

리더와 부하 직원은 역할이 다를 뿐이지 리더가 인간적으로 대단한 것이 아니다. 이세민은 자신과 신하 사이에는 역할의 차이가 있을 뿐 상하의 차이는 없다고 보았다. 그렇기에 남에게 명령하면서 동시에 자신에게도 똑같은 수준의 책임을 부과했다.

조직을 다스리는 것과 병을 다스리는 것

감기는 낫기 시작할 때가 중요하다. 감기가 떨어지려고 할 때는 아직 몸의 면역력이 저하된 상태라서 자칫 새로운 바이러스가 침입해 다시 건강이 악화될 수 있기 때문이다.

이세민은 "병은 낫기 시작할 때 가장 조심해야 하며 그것은 국가도 마찬가지다."라고 말했다.

"국가를 다스리는 것과 병을 고치는 것에는 차이가 없다. 병은 나았다고 생각했을 때 더욱더 안정을 취해야 한다. 나을 때 무리하면 그것이 원인으로 목숨을 잃을 수도 있다. 국가를 다스리는 것도 마찬가지다. 천하가 아주 조금 평온해졌다고 해서 긴장을 풀면 안 된다. 오히려 그때야말로 방심하지 말고 정신을 바싹 차려야 한다. 평안이 찾아온 것을 핑계로 군주가 거만하게 굴거나 제멋대로 행동하면 국가는 반드시 멸망할 것이다." (권1 정체제26장)

모든 일이 잘되지 않을 때는 모두가 '이대로는 안 된다. 어떻게든 해야 한다'라며 필사적으로 노력하기 때문에 마음이 해이해지지 않는다. 말썽이나 불상사가 생겼을 때 조직이 일치단결하는 것도 구성원 모두가 위기감을 느끼기 때문이다.

반대로 모든 일이 순조로울 때는 아무래도 긴장이 풀리기 쉽다. 괴로울 때 긴장을 유지했다가 순조롭게 풀리면 금세 정신이 해이해지기 십상이다. 바로 이때의 느슨함이 사태를 악화시키는 불씨가 될 수 있다.

이세민은 "아무리 훌륭하다고 칭찬받아도 나는 여전히 훌륭하다고 생각하지 않는다."라고 신하에게 말했다. 그러면서도 한편으로는 자신을 포함해 인간은 멍청하기 때문에 자신도 모르게 들뜰 수 있다고 생각했다. 그렇기에 "위험하다고 느끼는 일이 있으면 사양하지 말고 말하라. 생각을 말해줘야 국가를 다스릴 수 있다."라고 늘 신하에게 요청했다.

뛰어난 리더에게는 '세 가지 거울'이 있다

貞 觀 政 要

구리 거울, 역사의 거울, 사람의 거울

뛰어난 리더에게 가장 필요한 것은 옳은 의사 결정을 할 수 있는 능력이다. 리더의 의사 결정은 조직 구성원의 삶에 큰 영향을 준다. 조직에서 무슨 일이 결정됐는데 실행되지 않는 경우는 일단 없다. 즉 의사 결정이란 사람이나 물건, 돈을 움직이는 것을 말한다. 사람, 물건, 돈이 움직이지 않으면 그것은 진정한 의미에서 의사 결정이 아니다.

그렇다면 리더가 옳은 의사 결정을 하는 데 필요한 마음가짐은 무엇일까? 나는 주저 없이 《정관정요》에서 말하는 '세 가지 거울'을 예로 들어 답하겠다.

> "이세민이 일찍이 신하에게 말하기를 구리로 거울을 만들면 의관을 단정히 할 수 있고, 옛것을 거울로 삼으면 흥망과 정권 교체에 대해 알 수 있으며, 사람을 거울로 삼으면 득실을 밝힐 수 있다. 나는 늘 이 세 가지 거울을 보며 내 잘못을 방지한다." (권2 임현 제3장)

이를 알기 쉽게 풀어보면 '구리를 거울로 삼으면 자신의 얼굴과 모습을 비춰서 건강하고 밝고 즐거운지 확인할 수 있다. 역사를 거울로 삼으면 세상의 흥망성쇠를 알 수 있다. 사람을 거울로 삼으면 그 사람을 본보기로 해서 자신의 행동을 바로잡을 수 있다'라는 의미다. 이세민은 리더라면 '구리 거울', '역사의 거울', '사람의 거울'을 가져야 한다고 설명했다.

현대 리더가 알아야 할 세 가지 거울

이세민이 말한 '세 가지 거울'을 현대에 적용하면 리더의 역량을 더 키울 수 있다.

구리 거울로 부하 직원이 동경할 표정인지 점검한다

구리 거울은 현대로 말하자면 전신을 보는 데 쓰이는 '일반 거울'이다. 나머지 두 거울과 비교하면 '실물 거울'이라고 불러도 좋겠다.

리더는 부하 직원에게 가장 친근한 롤모델이다. 리더의 행동이 부하 직원의 행동을 결정한다고 해도 과언이 아니다. 윗사람이 밝고 활기차며 즐거운 표정으로 일하면 아랫사람도 밝고 활기차며 즐겁게 일한다. 반대로 윗사람이 지루한 표정으로 일하면 아랫사람도 지루한 듯이 일한다.

예전에 어느 대형은행의 종합직 여직원들을 대상으로 강연한 적이 있다. 강연을 마치고 참가자 모두와 식사하러 갔는데 그곳에서 여직원들의 속마음을 알 수 있는 기회가 있었다. 그들은 거의 하나같이 '승진시험을 보고 싶지 않다', '지위가 높아지고 싶지 않다', '지금 이대로가 좋다'라고 했다. 여직원들이 그렇게 생각하게 된 것은 상사의 우는 소리만 들었기 때문이다.

윗사람의 대부분이 술이 들어갈 때마다 "관리직은 힘들어. 아랫사람들이 압력을 넣지, 위에서도 호되게 몰아넣지. 그사이에 껴서 정말로 괴로워. 조금은 내 입장도 이해해줘. 조금만 더 친절하게 대해줘."라고 원망 섞인 불평을 늘어놓는다고 했다. 그런 상사를 보고 '아무리 급료가 조금 올랐다고 해도 그런 괴로운 입장에 서고 싶지 않다'라고 생각하게 되었다고 한다.

부하 직원은 상사의 표정을 보고 상사의 말과 행동에 영향을 받는다. 그러므로 상사는 늘 거울을 확인하여 밝고 활기차며 즐거운 표정을 보여주도록 유의해야 한다.

대형은행 여직원들의 상사들이 그렇게 했다면 '승진 시험을 봐야지!'라고 마음먹은 여직원이 많았으리라. 상사의 표정이 밝으면 부하 직원은 '늘 즐거워 보이니 윗사람이 되면 우리가 모르는 좋은 일이 잔뜩 있는 것이 분명해. 빨리 승진하자'라고 생각해 노력할 것이다. 반대로 말하자면 부하 직원의 의욕을 떨어뜨리는 표정을 짓는 사람은 리더가 되면 안 된다.

역사의 거울로서 과거에 비추어보고 미래를 대비한다

미래를 예상하려면 과거의 사례를 많이 공부하는 수밖에 없다. 과거의 사례를 알면 지금의 상황과 대조해가며 미래를 유추할 수 있다.

미래에 무슨 일이 일어날지 아무도 모른다. 미래에 대비하기 위한 교재는 유감스럽게도 역사(과거)뿐이다. 과거와 똑같은 일이 미래에 일어난다고 할 수는 없지만 비슷한 사건이 닥쳤을 때 역사를 공부해놓으면 잘 대처할 수 있다.

사람의 거울로서 직언해주는 '타인'을 곁에 둔다

사람의 거울이란 자신의 곁에 있는 사람을 뜻한다. 내가 다른 사람에게 어떻게 보이는지 자기 자신은 볼 수 없다. '당신은 잘못하고 있다', '당신은 벌거벗은 임금님이다'라고 말해주는 사람을 곁에 두어야 한다. 직언해주는 부하 직원이 없으면 리더는 자신의 진정한 모습을 볼 수 없다.

인간은 불쾌한 말을 듣고 싶어 하지 않는다. 하지만 불쾌한 말을 해주는 사람을 언제까지고 멀리하면 주변에 아첨하는 사람만 남는다. 아첨하는 사람은 벌거벗은 임금님을 봐도 알몸이라고 말해주지 않는다.

내가 생명보험회사의 기획팀 팀장이었을 때 옆 팀에 A라는 젊은 남자 사원이 있었다. 기획팀의 업무 특성상 다른 팀에 일을 의뢰하는 경우가 많았는데, 내가 일을 의뢰하러 옆 팀에 가면 늘 A가 종종걸음으로 달려와 의뢰를 받았다. 적극적으로 업무를 받아 처리하는 A를 보며, 내 머릿속에 그는 '장래가 기대되는 사원'이라는 인상으로 남았다.

그러던 중 평소 신임하던 부하 직원 B와 퇴근 후 가볍게 술 한잔하던 자리에서 A 이야기가 나왔다. 원래 술자리에서는 일 이야기는 안 하려고 하는데 오랜만에 마음 맞는 사람과 마시다 보니 마음이 풀어졌던 모양이다. 나도 모르게 "옆 팀의 A는 참 사람이 좋아."라고 말했고, 부하 직원 B는 표정이 굳어지며 무겁게 입을 열었다.

"팀장님, 이런 말씀 드리기 좀 그렇지만……, 사람 보는 눈이 참 없으신 것 같아요. A 씨의 직속 상사, 동료, 후배 등 주변 사람 이야기도 들어본 후에 판단을 내리시면 어떨까요."

B가 허튼 소리할 사람은 아님을 알아서 다음 날부터 A를 주의 깊게 지켜봤다. 나 말고 다른 사람이 일을 의뢰하러 갔을 때는 태도가 전혀 달랐다. 적극성은커녕 아무런 의욕도 보이지 않았다. A의 주변 동료들 이야기를 들어보니 '윗사람에게는 아첨하고 아랫사람에게는 가차 없는 사람'이라는 평판이 많았다.

리더는 제 업무에 바쁘고, 아첨하는 사람은 요령이 좋아서 어지간히 주의 깊게 살피지 않으면 아첨꾼을 간파할 수 없다. B가 직언을 해주지 않았다면, 내가 B의 직언을 귀담아 듣지 않았다면 A를 잘못 판단한 채 큰일을 맡겼을지도 모른다. 이 경험으로 '직언해주는 사람이 없으면 바쁜 상사는 절대로 아첨하는 사람을 이길 수 없음'을 배웠다.

부하 직원을 감사원으로 삼는다

———

라이프넷생명의 대표이사였을 때 나는 감사원과 20~30대 사원을 곁에 두었다. 그들은 내게 위징과 같은 존재였다. 그중에서도 감사원은 정말로 엄격했다.

그는 대형 생명보험회사에서 오랫동안 임원으로 일한 인물로

리더에게 필요한 '세 가지 거울'

1. 실물 거울

부하 직원이 저절로 따르고
싶은 표정을 하고 있는지
점검한다.

2. 역사의 거울

미래를 대비하기 위한
공부는 역사(과거)뿐임을
명심한다.

3. 사람의 거울

듣기 거북한 말을 해주는
사람이 없으면 '벌거벗은
임금님'이 되니 주의한다.

나보다 세 살 연상이었다. 물론 생명보험에 관해서도 빠삭해서 만날 때마다 "팀장은 좀 더 듬직해야 하네!", "자네, 바보인가?"라며 혼냈다. 내가 라이프넷생명을 설립한 후 10년 동안 어떻게든 꾸려온 것은 분명히 그가 곁에 있었기 때문이다.

훌륭한 경력이 있으면서도 평소에는 아무 말도 하지 않는다. 하지만 무슨 일이 있을 때는 거리낌 없이 말한다. 그런 사외이사를 작가 시로야마 사부로(城山三郎)는 '주먹 달린 금병풍'이라고 표현했다. 13명의 임원 중 7명을 차지한 라이프넷생명의 사외이사는 모두 확실히 '주먹 달린 금병풍'이었다.

20~30대 사원도 나에게는 위징이었다. 그들은 좋은 의미로 연장자에 대해 거리낌이 없었다. "이사님도 참!", "이사님, 그건 아니죠!"라고 아무렇지 않게 말했다. 나이와 경험 차이가 너무 나서 나와 경쟁한다는 마음이 애초에 없기 때문에 거리낌이 없었던 것이다.

리더가 옳은 의사 결정을 하려면 위징처럼 엄격한 직언을 해주는 사람을 곁에 두고 거울로 삼아야 한다. 지적을 해주는 사람이 이미 주위에 있다면 '기분 나쁜 놈'이라고 싫어하지 말고 오히려 기뻐해야 할 것이다.

하지만 측근이나 부하 직원이 다 위징과 같은 유형이라면 온종일 지적만 당하기 때문에 승인 욕구가 충족되지 않는다. 약간의 험담이라면 괜찮지만 계속 험담을 들으면 리더도 인간이니 역시 화가 날 것이다. 끊임없이 두들겨 맞을 각오가 아니라면 측근의 균형을 고려하자. 측근이 다섯 명이라면 세 명은 권력자에게 빌붙는 사람이라도 상관없지만 나머지 두 명은 자신을 싫어하는 사람(또는 반대 세력) 중에서 선택하는 식으로 구성해도 좋다.

명군 이세민이
관리를 만나기 전에 꼭 했던 것

貞 觀 政 要

포커페이스도 능력이다

인간은 감정의 동물이라 희로애락이 얼굴에 드러나는 것은 어쩔 수 없다. 하지만 리더는 감정의 기복을 가능한 한 억제해야 한다.

황제 이세민은 존재만으로 위엄이 있어서 관리들은 그가 눈앞에 있기만 해도 긴장한 나머지 동작이 어색해지곤 했다. 이를 깨달은 이세민은 표정을 부드럽게 한 후 관리 앞에 나섰다.

"이세민은 매우 위엄이 있었기에 이세민 앞에 나아가는 관리들은 모두 압도당해 제대로 움직이지 못할 정도였다. 이세민은 그 사실을 잘 알았기 때문에 관리가 자신에게 의견을 말하러 왔을 때는 반드시 안색을 부드럽게 해서 이야기를 듣도록 했다." (권2 구간 제41장)

생명보험회사 기획팀 팀장으로 근무하던 시절에 나는 부하 직원들에게 '낙승의 상사'로 불렸다. 낙승은 힘들이지 않고 쉽게 이긴다는 의미인데, 내가 그렇게 불린 이유는 표정에 감정이 즉시 드러났기 때문이다.

"팀장님은 화난 표정 아니면 웃는 표정이에요. 화난 표정일 때 말을 걸지 않으면 됩니다. 하고 싶은 말은 웃는 표정일 때 하고요. 팀장님이 웃고 있을 때 말하면 대체로 OK를 하시더군요. 그래서 낙승의 상사입니다."

부하 직원은 상사의 표정을 관찰한다. 상사가 언짢은 표정을 지으면 부하 직원은 다가오지 않는다. 그러면 정보가 들어오지 않게 되어 올바른 의사 결정을 할 수 없다. 부하 직원이 쉽게 말을 걸 수 있게 거울을 보고 늘 밝고 활기차며 즐거운 표정을 지어야 한다.

실컷 먹고 푹 잔다

분노나 호불호 등의 감정을 억제해 밝고 활기차며 즐거운 표정을 지으려면 어떻게 해야 할까? 나는 날마다 컨디션을 확실히 관리했다. 컨디션이 나쁘면 정신상태가 흐트러져 쉽게 불쾌해진다.

조직의 리더가 되고 처음으로 해야 할 일은 실컷 먹고 푹 자는 일이다. 불쾌한 일이 있을 때는 사이좋은 친구와 술을 마시며 상사나 직장의 험담을 한껏 늘어놓아서 싹 다 털어버리자. 그렇게 해서 다음 날 아침에 출근할 때는 부정적인 감정을 가져오지 않아야 한다.

몸과 마음을 스스로 제어할 수 없으면 절대로 기분 좋은 일을 할 수 없다. 심리학자 마셜 로사다(Marcial F. Losada)는 '긍정적인 감정과 부정적인 감정이 약 3:1 이상의 비율이 되면 사람은 의욕적으로 일한다'라는 연구 결과를 발표했다. 직장에서 긍정적인 감정과 부정적인 감정의 이상적인 비율은 6:1이라고 한다. 이 법칙을 '로사다의 법칙(3:1의 법칙)'이라고 한다.

즉 한 번 혼내면 세 번 이상 칭찬해야 한다. 그 이상 혼내면 그 사람은 자신감을 잃고 만다. 이 연구 결과가 타당성이 없다는 의견도 있지만 혼내는 횟수보다 칭찬하는 횟수가 많아야 부하 직원이 성장하는 것은 분명해 보인다.

상사에게는 인사권이 있기 때문에 그냥 그 자리에 앉아 있는 것만으로도 부하 직원에게 위압감을 준다. 부하 직원에게는 상사의 존재 자체가 노동 조건인 것이다. 상사가 늘 기분이 좋아야 조직이 잘 돌아간다. 부하 직원 중에 우울증 환자가 생기면 인과관계를 따지지 않고 당장에 상사를 교체하는 글로벌 기업도 있다고 한다. 그만큼 상사의 책임은 무겁다.

가차 없는 직언을
쳐내지 않고 음미하려면

역린을 건드리지 않는 직언

《한비자》는 중국 전국시대 말기의 사상가 한비의 저서를 중심
으로 정리한 책이다. 한비는 군주가 어떻게 해야 하는지, 군주의
마음가짐을 설명하는 한편 군주에 대한 신하의 마음가짐에 대
해서도 기록했다.

　《한비자》의 〈설난〉편에는 신하가 군주를 설득하는 것의 어려
움에 관하여 말한 대목이 있다.

"용이라는 생물은 얌전할 때는 길들여서 등에 탈 수도 있다. 하지만 용의 턱 밑에는 '역린'이라고 불리는 비늘이 거꾸로 자란 부분이 있는데 사람이 그것을 건드리면 용은 화가 나서 그 사람을 반드시 죽인다. 군주에게도 이런 역린이 있다. 의견을 말하는 사람은 역린을 건드리지 않도록 조심해야 한다. 군주의 역린을 건드리지 않고 설득하는 것이야말로 성공으로 가는 지름길이다."

이세민은 이 옛말을 인용해 가신이 성의를 품고 직언하는 것의 중요성을 설명했다.

"나는 이런 말을 들은 적이 있다. 용은 잘 길들일 수 있지만 용의 턱 밑에는 거꾸로 자란 비늘이 있어서 이 비늘을 건드린 자는 용에게 살해당한다. 군주에게도 역린이 있어서 군주의 의향을 외면하면 군주의 격노를 부르게 된다. 그러나 그대들은 역린을 건드리는 일에서 도망치지 말고 각자가 나에게 의견서를 내줬다. 앞으로도 그대들이 이렇게 해주면 국가가 기울 염려는 없다." (권2 납간 제5 4장)

인간은 감정의 동물이므로 자신도 모르게 울컥할 때가 종종 있다. 이세민은 자신에게도 역린이 있음을 인정한 뒤 '최대한 화내지 않도록 자제할 것이고 남의 이야기를 듣도록 노력할 테니 너희도 역린을 건드리는 일을 두려워하지 말고 생각한 것은 뭐든지 말하라'라고 신하들에게 요구했다.

가차 없는 말은 음미한다

————

정관 8년에 황보덕참이라는 인물이 상소를 냈다가 이세민의 역
린을 건드려서 처벌당할 뻔한 적이 있다. 이세민이 "황보덕참의
의견은 단순한 중상비방일 뿐이다."라며 화를 내자 위징이 다음
과 같이 충고했다.

> "옛날 한나라의 가의가 문제에게 상소를 올렸을 때 '세상에는 소리
> 높여 울며 슬퍼하는 것에 세 가지가 있고, 큰 탄식을 해야 하는 것에
> 다섯 가지가 있다'라고 말했습니다. 예로부터 상소는 가차 없이 쓰
> 였습니다. 그렇게 해야 군주의 마음을 움직일 수 있기 때문입니다.
> 표면적인 말이 아니라 내용을 음미하십시오." (권2 납간 제5 7장)

이세민은 위징의 말을 깊이 받아들이고 상소를 올린 황보덕
참에게 포상을 수여했다.

이세민처럼 남의 이야기에 귀 기울이려는 인물이라도 울컥할
때가 있다. 그러나 이세민은 '역사는 거울'이라는 것을 분별한
인물이다. 과거의 사례를 인용하면 받아들일 수밖에 없다.

이세민과 신하의 대화를 보고 있으면, 상사에게 직언하는 직원에게는 '역린을 건드리지 않는 방법'이 필요하고, 직언을 듣는 상사에게는 '역린을 두려워하지 않는 기개'가 필요함을 잘 알 수 있다.

사관에게 그릇된 군주로
기록되지 않으려면

貞 觀 政 要

올바른 판단을 내리기 위한 비법 세 가지

정관 16년에 이세민이 간의대부 저수량에게 "그대는 군주의 말과 행동을 기록하는 역할도 겸하고 있네. 내가 한 일의 선악도 기록하는가?"라고 물었다. 저수량은 "사관의 기록에는 군주의 거동을 다 기록해놓습니다. 좋은 일뿐만 아니라 과실도 포함해서 빠짐없이 기록합니다."라고 대답했다. 저수량의 대답을 듣고 이세민은 다음과 같이 말했다.

"짐은 이제 세 가지 일을 하려고 한다. 다시는 사관이 내 과실을 기록하지 않기를 바란다. 첫째는 이전 시대의 잘못한 일을 생각해서 거울로 삼는 것이다. 둘째는 선량한 사람을 기용해서 함께 나라를 다스리는 방법을 의논하는 것이다. 셋째는 소인을 멀리하고 참언을 듣지 않는 것이다. 나는 이 세 가지를 잘 지켜서 끝까지 바꾸지 않을 것이다." (권6 두참영 제23 8장)

이세민은 '사관(역사 편찬과 문서 기록을 하는 관리)이 나에 대해 나쁘게 쓰지 않기를 바란다'라고 자신의 마음을 솔직하게 고백했다. 이세민은 자신이 찬탈자(군주의 지위를 빼앗은 사람)임을 자각했다. 그렇지 않아도 주위에서 편견을 품고 있는데 험담이 기록되면 만회할 수 없다.

다시는 나쁘게 기록되지 않도록 이세민은 저수량에게 다음의 세 가지를 실천하겠다고 말했다.

① 과거 황제의 실패에서 배우겠다.
② 선량한 사람과 행실이 바른 사람과 함께 도의적으로 바른길을 가겠다.
③ 하찮은 사람들은 멀리하고 거짓말, 고자질, 험담은 듣지 않겠다.

① 은 '역사의 거울'로서 과거 사례를 통한 배움이다. 그중에서

도 이세민은 선인의 성공 체험이 아니라 실패 체험에서 배우는 것의 중요성을 설명했다. 역사를 보면 인간은 똑같은 실패를 수 차례나 반복한다는 것을 알 수 있다. 선인의 실패를 배움으로써 똑같은 실패를 직접 저지르는 위험을 줄이겠다는 뜻이다.

②와 ③은 대구다. 결국 비밀 이야기나 농담을 듣는 것만큼 쓸 데없는 일이 없다. 그런 말을 들으면 마음이 병들어서 판단이 흐려진다. 이세민은 정보는 다 공개해야 한다고 생각했다.

좋은 정치를 하려면 선량한 사람을 곁에 두고 내각 회의를 열어 모두 함께 논의하는 것이 중요하다. 비즈니스 현장에서 부하 직원도 상사에게 하고 싶은 말이 있다면 몰래 메일을 보내거나 술의 힘을 빌려 말하지 말고 적합한 장소에서 당당하게 의견을 말해야 한다.

정보는 숨기지 말고 항상 공개한다

생명보험회사에서 근무하던 시절에 유형이 다른 사장 두 명을 겪었다. 사장 A는 자신의 스케줄을 다 공개했다. 그러면 '언제, 누구와 만나는지', '무슨 일을 하는지'를 알 수 있어서 아랫사람이 보고하기가 매우 수월해질 뿐 아니라 안심하게 된다. 사장 본인도 스케줄을 공개한 이상 의심스러운 행동은 할 수 없다.

한편 사장 B는 스케줄을 전부 공개하지 않았다. 사장의 스케줄을 모르면 부하 직원은 보고할 타이밍을 잡지 못할 뿐 아니라 '사장은 무슨 일을 하고 있는 거지?' 하고 불안해진다.

나는 라이프넷생명에서 대표이사였을 때, 원칙적으로 모든 스케줄을 공개했다. 당연히 지금 학장으로 있는 대학에서도 교직원들에게 스케줄을 전부 공개한다. 또한 내 허락 없이 누구든지 내 스케줄에 마음대로 메모할 수 있게 했다. 직원들은 학장 역할을 완수하는 나를 자유롭게 사용하면 된다. 교직원들은 평소에도 자신들이 몸담고 있는 대학을 위할 테니까 잠자코 교직원들의 지시를 따르면 그만이다. 의아한 예정이 들어 있을 때만 교직원에게 물어보면 된다.

조직이 나아가야 할 방향을 공개 논의로 결정하는 것이 공정한 조직의 바람직한 모습이다. 리더가 특정 부하 직원과 비공개로 담화를 즐기는 한 올바른 판단을 내릴 수 없다.

'선량한 사람을 기용해서 함께 정치하는 방법을 의논한다', '소인을 멀리하고 참언을 듣지 않는다'라는 이세민의 생각 속에 매니지먼트의 영원한 과제인 '공개적이고 수평적인 조직'을 만드는 실마리를 얻을 수 있다.

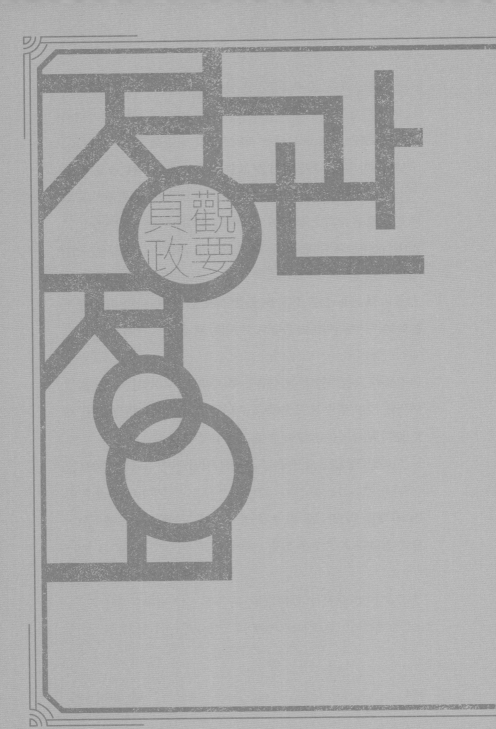

觀要
貞政

3장

통찰력 있는 사장은
두 가지 축으로 사고한다

마지막 황제는
모두 악인인 이유

貞 觀 政 要

정사에서 전 왕조의 마지막 황제는
모두 악인이었다

———

정권이 바뀌면 현 왕조는 전 왕조의 정사(正史)를 편찬하여 천명을 확인했다. 중국에서는 사마천의《사기》부터《명사》에 이르기까지 24사(史)를 역대 정사로 인정하고 있다.

정사는 대체로 정확하다. '대체로'라고 한 이유는 전 왕조 마지막 황제의 부덕이 대체로 각색되었기 때문이다. 역성혁명은 '전 왕조가 멸망한 것은 황제가 악정(惡政)을 행하여 하늘에게 버림받았기 때문이다'라는 논리다. 다시 말해 멸망한 왕조의 마지막 황제를 악인이라고 해야 현 왕조의 정통성이 보장된다. 전 왕조의 마지막 황제를 악인으로 묘사한 것은 새 왕조의 등장을 정통화하기 위함이었다.

이를테면 하나라의 마지막 왕 '걸'과 상나라의 마지막 왕 '제신(주)'은 잔학하고 주색을 즐겼으며 폭정을 행하여 고대 폭군의 대표로 일컬어진다. 이 두 사람은 정사 속에서 '미녀에게 미치고 주지육림에 빠져서 멸망했다'라고 기록되었다.

또한 주나라의 '유왕'은 '포사'라는 미녀에게 집착한 나머지 목숨을 잃는다. 포사는 어떤 일이 있어도 웃지 않는 여성이었다. 어느 날 착오가 생겨서 봉화가 올라가고 말았다. 적의 습격을 알리는 봉화가 올라가자 제후(가신들)는 서둘러서 왕궁에 도착했지만 적은 어디에도 없었다. 어리둥절한 제후의 모습을 보고 포사가 무심코 웃어버렸다.

그러자 유왕은 유사시도 아닌데 여러 번 봉화를 올렸다. 이유는 포사의 웃는 얼굴이 보고 싶었기 때문이었다. 유왕의 어리석은 행위로 제후는 그를 가망이 없다고 포기한다. 그리고 훗날 견융이 주나라를 공격했을 때 유왕은 봉화를 올려서 구원을 요청하지만 제후는 모이지 않았고 유왕은 살해당했다. 유왕의 죽음으로 주 왕조는 멸망한다(서주).

하지만 이러한 일화는 다 후세의 창작이라고 평가된다. 예를 들어 동시대에 기록된 갑골문자 사료에 따르면 제신은 유능하고 영명한 군주였다.

아무리 통제하려 해도 진실은 숨길 수 없다

———

오늘날 오래된 문헌이 많이 남아 있는 나라는 이슬람국가와 중국이라고 한다. 중국에 다량의 문헌이 남아 있는 이유는 '종이'라는 획기적인 필사 재료와 '한자'가 널리 퍼졌기 때문이다. 이슬람국가는 중국에서 종이를 이어받았다.

종이는 동한 시대에 '채륜'이라는 인물이 완성했는데 그 이전부터 종이의 원형은 이루어져 있었다. 종이는 대량으로 생산할 수 있고 내구성이 뛰어나 글씨를 옮겨 쓰기도 쉬워서 역사를 확실히 남길 수 있다.

종이와 한자 덕분에 진나라의 시황제가 시작한 문서 행정이 최종적으로 완성되었다. 기원전 3세기 시황제는 '분서갱유'라는 탄압을 가했다.

분서갱유

기원전 213년 진의 시황제가 시행한 유학자에 대한 사상언론 탄압이다. 전제 정치를 관철하기 위해서 민간에 있던 의학, 점술, 농학을 제외한 모든 서적을 태워 없애고(분서) 시황제에게 비판적인 학자 460명을 구덩이에 파묻어 죽였다(갱유)고 한다.

시황제가 철저하게 언론을 통제했지만 지금도 오래된 우물 속에서 당시의 죽간이나 목간(대나무와 나무로 만들어진 서사 재료)이 발견되고 있다. 즉 시황제처럼 유능한 전제 군주도 사람들에게서 표현의 자유를 완전히 빼앗기란 불가능하다.

시황제가 본격적으로 문서 행정을 시작하자 아이러니하게도 그 전까지는 궁정에만 있던 글자가 전국으로 퍼져나갔다. 글자를 읽고 쓸 수 있는 사람이 늘어나 중국에 전해지는 전승이나 고도성장 이야기가 기록되었고 나중에 《사기》 등의 문헌으로 정리되었다.

황제의 힘으로도 민중에게서 표현의 자유를 빼앗을 수는 없다. 사람의 눈은 사방팔방에 있으므로 황제의 행실을 기록하는 사람이 어디서 나타나도 이상하지 않다. 게다가 죽간, 목간, 종이 등에 쓰인 기록은 지우거나 숨기거나 속이지도 못하며 구전되기도 한다.

그러자 위정자 사이에서는 '지금까지 해온 악행을 취소할 수 없다면 앞으로 많은 선행을 해서 마이너스를 상쇄하겠다'라는 발상이 생겼다. 또는 '현세에서는 내 꿈을 절대로 달성할 수 없다. 그렇다면 의를 위해서 목숨을 버리고 후세 역사가에게 긍정적인 평가를 받겠다'라는 발상도 생겼다.《정관정요》의 주인공 이세민도 후세에 명군으로 이름을 남기고 싶다고 절실하게 바란 사람 중 한 명이었다.

'도리'로써 설명해야
신뢰를 얻는다

貞 觀 政 要

작은 실수도 철저히 발생 원인을 찾는다

작은 실패를 눈감아주면 큰 실패로 이어진다. 사소한 실수를 못 본 척하지 않고 철저히 해야 큰일을 억제할 수 있다. '약간의 틈새 정도로는 큰일은 일어나지 않는다'라는 자만심은 조직을 기울게 하는 원인이다. 견고하게 쌓은 제방이라도 개미가 판 작은 구멍 때문에 터질 수 있다. 세상에는 '이 정도는 괜찮겠지'라는 방심이 결국 큰 문제를 부르는 일이 허다하다.

이세민은 모든 일을 거시적인 관점에서 파악하는 군주였지만 그렇다고 해서 결코 사소한 일을 소홀히 하지는 않았다. 오히려 사소한 일을 큰일이라고 보고 신하에게 어떤 사소한 문제도 방치하면 안 된다고 주지시켰다.

> "조정에서 정무를 결재하면 율령 위반을 깨달을 때가 있다. 그대들은 이 정도의 일은 사소하다고 못 본 척할지도 모르지만 작은 문제라도 이상함을 깨달으면 보고해야 한다. 천하에 일어나는 큰일은 다 이런 작은 일이 원인이다. 작은 일이라고 해서 못 본 척하면 큰일이 일어났을 때는 이미 손쓸 수 없다. 국가가 쇠퇴하거나 조직이 무너지는 것도 다 작은 일을 소홀히 한 것이 원인이다." (권1 정체제28장)

리더는 부하 직원에게 권한을 부여하고 일을 맡겨야 한다. 한편 일을 맡은 부하 직원은 자신의 권한 범위에서는 필사적으로 일해야 한다.

이세민은 "그대들을 믿고 맡겼으니 맡은 범위에 관해서는 철저하게 온 힘을 다해서 일하기 바란다. 해야 할 일을 하는지 안 하는지 나는 제대로 확인하고 있으니 그렇게 하라." 하고 에둘러 못을 박았다. 가신들은 이세민의 말을 듣고 '대충하면 안 된다'라며 정신을 바짝 차리고 긴장했을 것이다.

억누르고 통제해서는 진실을 숨기거나 지울 수 없다. 진심으로 존경받는 리더가 되는 유일한 방법은, 옳은 결단을 내리고 거기에서부터 옳은 길을 만들어나가는 것뿐이다.

도리로써 설명할 때 신뢰가 쌓인다

———

이세민의 현명한 점은 "너희들, 대충하면 내가 가만두지 않겠다."라고 위협하지 않고 '왜 사소한 일을 큰일로 생각해야 하는지'를 다음과 같이 정확히 설명했다는 것이다.

"신하는 황제를 대신하여 권한을 행사하는 것이므로 몸과 마음을 다해서 그 일을 맡아야 한다. 일을 태만히 하면 안 된다. 나라가 흐트러지고 무너지는 이유는 사소한 일을 방치해놓아서가 대부분이다."

이와 같이 처음에 신하의 도리를 설명했기 때문에 이세민은 그들에게 신뢰를 얻었다.

《정관정요》권1 정체 제2의 8장 마지막에서 이세민은 다음과 같이 정리했다.

"수양제는 온갖 포학한 짓을 다 한 끝에 별 볼일 없는 남자의 손에 걸려 살해당했지만 백성이 슬퍼했다는 소리는 거의 듣지 못했다. 어떤가. 그대들은 나를 양제와 같은 실패를 되풀이하지 않게 하기 바란다. 나도 그대들을 관룡봉(關龍逢, 하나라 걸왕의 가신)과 조조(晁

鼂, 한나라 경제의 가신)의 전철을 밟지 않게 하겠다." **(권1 정체제28장)**

관룡봉이나 조조는 둘 다 군주의 충신이었지만 군주의 역린을 건드려서 죽임을 당한다. 이세민은 군주와 신하가 서로 상대방을 생각하고 협력해야 태평성대를 실현할 수 있음을 알았다. 그래서 이세민은 자신의 의향을 거슬렀다고 해서 함부로 처벌하는 일은 없다고 신하들에게 다시 한 번 전달했다.

악인 줄 알면서 물리치지
못하는 것이 곧 악이다

貞 觀 政 要

행동력이 없는 조직은 망한다

정관 초기 이세민과 신하 왕규가 유유자적하고 있을 때 곁에서 아름다운 여성이 시중을 들었다. 그 여성은 원래 여강왕 이원을 친히 섬겼던 여성이었는데, 이원이 패배하고 죽은 후 이세민이 궁중으로 맞아들인 이였다. 이세민이 왕규에게 말했다.

"여강왕은 사람의 도리를 저버리고 포악한 짓을 저질렀소. 그래서 그를 죽이고 여인을 빼앗은 것이요. 나라가 망하는 게 당연하오."

그러자 왕규가 "폐하는 여강왕이 남의 아내를 빼앗은 것을 옳다고 생각하십니까? 아니면 잘못됐다고 생각하십니까?"라고 물었다. 그러자 이세민은 "사람을 죽여서 그의 아내를 빼앗았으니 당연히 나쁜 일이오. 그런 자명한 옳고 그름을 왜 묻는가?"라고 대답했다.

왕규가 옳고 그름을 물은 것은 이세민이 이원과 똑같은 짓을 했다고 생각해서다. 이원은 여성의 남편을 죽이고 그녀를 자신의 여인으로 삼았다. 이세민은 이원을 죽이고 이원을 섬겼던 여성을 자신의 곁에 두었다. 거시적으로 보면 두 사람의 행위는 다 잘못됐다는 것이 왕규의 생각이었다.

또한 왕규는 다음과 같은 일화로써 이세민이 그 사실을 깨닫게 했다.

"《관자》라는 책에 이런 글이 쓰여 있었습니다. 제환공이 멸망한 곽 나라의 땅에 갔는데 그곳에서 노인에게 물었습니다. '곽은 왜 멸망 했는가?' 그러자 노인은 '곽의 군주가 선을 선이라 하고 악을 악이라 했기 때문입니다'라며 멸망한 이유를 말했습니다. 환공이 '그렇다면 현명한 군주 아닌가. 왜 그런 일로 멸망했는가?'라고 묻자 노인은 이렇게 대답했습니다. '그렇지 않습니다. 곽의 군주는 선한 사람을 좋아했지만 그들을 쓰지 못했고 또 악한 사람을 싫어했지만 그들을 없애지 못했습니다.'

지금 이 부인이 폐하의 곁에서 시중들고 있습니다. 외람되오나 폐하께서는 그 행위를 옳다고 인정하신 것이 아닙니까? 폐하가 만약에 잘못이라고 생각하신다면 악을 악인 줄 알면서도 물리치지 못하는 것과 같습니다." (권2 납간 제51장)

왕규는 '나쁜 일이라는 것을 알면 그만두어야 한다. 좋은 일이라는 것을 알면 행동해야 한다'라며 이세민에게 충고했다.

리더는 3단 구조의 직언에 더 귀 기울인다

간의대부 왕규의 임무는 황제에게 충언을 올리는 것이다. 그렇다고 해도 군주의 욕망에 관해 직언하기란 쉽지 않았을 것이다.

"옆에 미인을 두면 안 됩니다. 돌려보내십시오."라고 직설적으로 충고했다면 이세민은 화를 냈을지 모른다. 그래서 왕규는 이세민의 역린을 건드리지 않으면서도 알아챌 수 있게 3단 구조로 이야기했다. 왕규의 이 직언 방법은 '직언의 교과서'라고도 할 수 있는 좋은 사례다.

1단계: 사실로 직언한다

여강왕이 다른 사람의 아내를 빼앗은 것은 도리에 어긋난다는

115

것을 전제로 하며 일부러 "여강왕이 다른 사람의 아내를 빼앗은 것을 옳다고 생각하십니까? 아니면 잘못됐다고 생각하십니까?"라고 이세민에게 질문했다. 이세민은 "당연히 도리에 어긋난다."라고 대답할 수밖에 없다.

2단계: 고사를 인용한다

이세민과 왕규 모두 《관자》를 읽었기에 제환공 이야기를 인용하면 텍스트 상관성이 높아진다. 왕규는 "곽이 멸망한 이유는 선한 사람을 좋아했지만 그들을 쓰지 못했고 악한 사람을 싫어했지만 그들을 없애지 못했기 때문인가요?"라고 묻고 이세민에게서 "그 말이 맞다."라는 대답을 이끌어냈다.

3단계: 공통점을 제시해서 동의를 구한다

"여강왕이 한 일은 나쁜 일이었지요?", "곽이 멸망한 이유는 나쁜 일인 줄 알면서 물리치지 못했기 때문이겠군요."라며 동의를 구한 후 마지막으로 "폐하도 똑같은 행동을 하고 계시지 않습니까?"라고 결론을 내려 이세민에게 깨달음을 주었다.

처음에 "그렇게 뻔히 아는 말을 하지 마라. 여강왕은 당연히 나쁜 사람이 아닌가?"라고 이세민에게 말하게 한 시점에서 사실상 왕규의 승리는 정해졌다. 하지만 왕규는 즉시 결론을 내리지 않고 고사를 섞어가며 논리적으로 도리에 맞는 일과 어긋나는 일을 설명했다.

직언을 받아들인 이세민도 훌륭하다. 이세민은 왕규의 직언을 듣고 매우 기뻐하며 왕규가 하는 말이 지당하다고 칭찬했다. 그리고 신속하게 그 여성을 친족의 곁으로 돌려보냈다.

《정관정요》권2 납간 제5의 1장 마지막은 "미인을 신속하게 그 친족에게 돌려보냈다."라는 한 문장으로 완결된다. 나는 '신속하게'라는 단어 속에 이세민의 훌륭한 군주로서의 자질을 보았다.

보통 사람이었다면 미련이 남아 "알았다. 그녀는 돌려보내겠지만 잠시 곁에 두고 싶다."라며 제멋대로 굴었을 것이다. 그렇지만 이세민은 '지금 당장 돌려보내지 않으면 정이 들어서 곁에 두고 말 것이다'라고 생각했다. 자신의 약점을 잘 알았기 때문에 '신속하게' 행동에 옮긴 것이다.

리더의 말이
품은 무게

리더의 말은 생각보다 훨씬 더 무겁다

《정관정요》에는 국가나 조직을 다스리는 리더는 기본적으로 언(言)과 덕(德)을 세워야 한다고 실려 있다. '언'은 말, '덕'은 인덕을 뜻한다.

"사람의 기강(국가를 다스리는 근본적인 법규, 원칙)은 말과 덕을 세우는 것으로 확립된다. 이를 따르면 옳은 길을 갈 수 있지만 따르지 않으면 악을 행하게 된다. 국가의 흥망을 보면 도르래의 회전처럼 길

흉이 서로 돌고 돌아 새끼줄처럼 꼬아서 합쳐진다." (권4 규간태자 제121장)

남의 위에 서는 사람의 말은 매우 무거워서 한 번 입에 담으면 쉽게 취소할 수 없다. 윗사람이 아무 생각 없이 내뱉은 말이라도 아랫사람은 심각하게 받아들인다. 특히 황제처럼 절대적인 권력을 가진 사람의 발언은 거의 법과 같으므로 더욱 신중해야 한다.

아무리 말솜씨가 좋아도 인격을 갖추지 않으면 부하 직원의 신뢰는 얻을 수 없다. 늘 언행일치를 마음에 새겨두고 실천하는 리더여야 부하 직원이 따라온다는 뜻이다. 뛰어난 리더는 항상 이해하기 쉽게 말하고, 모든 일을 크고 높은 관점에서 판단한다.

또한 뛰어난 리더도 늘 태연자약하며 조금도 서두르지 않는 너그러운 인품으로 모든 사람에게 호감을 얻는다. '이 사람이 리더였으면 좋겠다', '이 사람은 훌륭한 사람이구나', '이 사람이 하는 말이라면 믿을 수 있어' 하고 생각하게 하는 인덕이 있다.

언과 덕을 갖춘 인물이 아니면 남의 위에 서기 어렵다. 언과 덕이 미흡하다면 만약 리더가 되었다 해도 누구도 따라오지 않을 것이다.

서류의 작은 실수를 정정했을 뿐인데

———

나는 그리스 비극을 매우 좋아한다. 그 안에 인간의 모든 희로애락이 담겨 있기 때문이다. 그리스 비극에서는 신도 자신이 한 말을 취소할 수 없다.

트로이의 여왕 카산드라를 사랑한 아폴론은 그녀에게 "당신이 나를 사랑해준다면 미래를 예언하는 능력을 주겠소."라고 약속한다. 카산드라는 기쁘게 예언의 능력을 얻는다. 그러나 그녀는 아폴론의 구애를 거들떠보지도 않았다.

아폴론은 격분한다. 하지만 미래를 예언하는 능력을 주겠다고 한 이상 그 말을 취소할 수 없었다. 그래서 이번에는 카산드라에게 아무도 그녀의 예언을 믿지 않게 하는 저주를 걸었다.

카산드라가 트로이 사람들에게 "목마 안에 숨은 그리스군이 공격해올 것입니다."라고 예언하지만 아무도 믿어주지 않는다. 결국 트로이는 그리스의 맹공격을 받아 함락당하고 만다.

카산드라의 비극은 아폴론의 부주의한 말 한마디가 일으킨 결과다. 말은 그만큼 무겁다. 리더라면 더욱더 말하기 전에 깊이 생각해야 한다. 자신의 말 때문에 일어날 사태를 가정하고 각오할 수 있는지 스스로에게 물어야 한다. 그리고 한 번 입 밖에 낸 말에는 철저히 책임을 지고 나중에 의견을 바꾸지 않아야 한다.

생명보험회사 기획팀에서 일했을 때 나는 상사에게서 '한 번

내뱉은 말에는 끝까지 책임을 지라'라고 배웠다. 또한 서류에 조금 실수가 있어도 일일이 정정하지 말라며 혼난 적도 있다. 그 이유를 묻자 상사는 이렇게 대답했다.

"말은 그리 쉽게 취소할 정도로 가볍지 않아. 즉시 정정하면 남들에게 가볍게 보이지. 지금 막 제출한 문서를 그 자리에서 고치면 앞으로 기획부가 내는 문서에 대해서 '또 정정하지 않을까?' 하고 모두가 의심하게 돼. 물론 근본이 잘못됐다면 즉시 정정해야 해. 하지만 많은 사람에게 영향이 없는 작은 실수라면 고치면 안 돼. 한 번 제출한 이상 '이것이 옳다'라고 밀어붙여야 해. 그 대신 똑같은 실수를 또 하면 잘릴 테니 잘해."

의견이 잇따라 달라지는 리더는 절대로 부하 직원에게 신용을 얻지 못한다. 리더가 도리에 맞지 않는 말을 한마디라도 하면 부하 직원의 마음은 산산조각 나서 조직을 뒷받침할 수 없게 된다.

리더의 통찰력을 높이는 종횡사고

貞 觀 政 要

통찰력에 필요한 예와 악

《정관정요》에는 '예악'의 중요성에 대한 설명이 있다. 예악은 예부터 유가의 설법으로 존중받아 왔다.

예(禮)는 사회 질서를 유지하는 규범으로 선조와 윗사람을 소중히 해야 한다는 사상이다. 폭넓게 말하면 남의 위에 서는 사람은 우주의 질서와 세계의 근본 원칙을 잘 알아야 한다는 것이다. 악(樂)은 인심을 감화하는 음악이다. 폭넓게 말하면 풍속과 문화다.

"악은 풍속을 바꾸고 예는 사회를 편안히 해서 백성을 감화하는 기능이 있다. 악은 뜻을 펼쳐서 정신을 진정시키려고 하는 것이다. 예는 자신의 욕망을 억눌러서 몸과 마음을 갈고닦으려고 한다." (권4규 간태자 제121장)

다시 말해 예악이란 선조를 공경하고 문화를 폭넓게 배우는 것이다. 예와 악을 알기 쉽게 현대적으로 해석한다면 '종횡사고'라고 할 수 있다.

리더의 종횡사고

나는 인류의 역사에 비추어 생각하는 것을 '종(縱)사고', 다양한 상황에 비추어 생각하는 것을 '횡(橫)사고'라고 부른다. 세로축(종사고)은 선인의 이야기를 듣거나 책을 읽는 것이다. 가로축(횡사고)은 자신의 발로 세계를 다니며 견문을 넓히는 것이다.

인간은 모두 똑같으므로 뭔가 해결해야 할 과제가 있으면 옛사람이 어떻게 했는지, 현재 다른 나라의 사람들이 어떻게 했는지를 참고하면 된다. 이런 종횡사고가 인간 사회의 통찰력을 높이는 비결이다.

종횡사고로 생각의 폭을 넓힐수록 올바르고 신속하게 판단할 수 있다. 다양한 사람이 살아온 사고방식을 알수록 관점이 다양해진다. '지금까지는 이러했으니 앞으로도 똑같이 해도 괜찮다'라는 생각은 더는 통하지 않는 시대다. 앞으로 리더에게는 무엇이 옳은지, 벌어지는 상황마다 그에 걸맞게 판단하는 능력이 필요하다. 이를 위해서는 예와 악, 즉 종횡사고를 해야 한다.

뛰어난 리더는 머릿속에
시간축이 있다

貞 觀 政 要

눈앞의 작은 이익에 눈이 멀면 큰 이익을 잃는다

리더는 매사 머릿속에 시간축을 세워 사고해야 한다. 눈앞의 이
익만 좇으면 장기적인 이익을 잃을 때가 많기 때문이다.《정관
정요》에도 눈앞에 있는 이익에 눈이 머는 일의 어리석음을 설명
하는 대목이 있다.

　"관리(국가기관에 근무하는 공무원)는 특별한 대우를 받으며 많은 급
　료를 얻는다. 다른 사람에게서 뇌물을 받는다 한들 수만금에 지나

지 않는다. 일단 뇌물을 받은 것이 발각되면 면직되어 급료를 몰수 당하고 만다. 그걸 모르고 뇌물을 받는 자들은 작은 이익을 얻으려고 큰 이익을 잃는 자다." (권6 논탐비 제26 2장)

또한 다음과 같은 고사를 사용하여 사려가 부족한 행동의 결말을 설명했다.

"옛날 진나라의 혜왕은 촉을 공략하려고 했지만 산이 험준해서 어떻게 해야 촉에 갈 수 있는지 길을 몰랐다. 그래서 혜왕은 소 다섯 마리를 준비해서 소 뒤에 황금을 놓았다. 촉나라 사람들은 이를 보고 소가 황금 똥을 눈다고 생각했다. 촉나라 왕은 황금 똥을 누는 소가 갖고 싶어서 힘센 사람을 모아 소를 끌어오게 하여 촉까지 소를 운반했다. 소가 지나간 후에는 길이 생겨서 진나라 군대는 이 길을 따라 촉을 공격해 멸망시켰다." (권6 논탐비 제26 2장)

혜왕과 촉나라 왕의 고사를 통해 시간축 사고의 중요성을 알수 있다. 촉나라 왕은 매사를 단기적 시간축으로만 생각했다. 황금에 눈이 먼 촉나라 왕은 결과적으로 나라를 잃는다. 소의 뒤를 따라 군대가 쳐들어올 것이라고는 상상하지도 못했다.

리더의 역할은 시간축을 정확하게 설정하는 것

튀니지의 정권 교체가 발단이 된 '아랍의 봄'(2010년부터 2012년 에 걸쳐 아랍 국가에서 일어난 대규모 반정부 시위의 통칭)을 '한시적으로는 민주 정권이 가능했지만 결과적으로 각국의 정치 정세를 불안정하게 만들었기 때문에 실패했다'라고 평가하는 관점이 있다.

하지만 나는 '아랍의 봄이 실패했다'라는 결론은 경솔한 판단 이라고 본다. 이를테면 무바라크 대통령의 이집트 독재 정권은 약 30년간 이어졌다. 새 정권이 생긴 지 고작 몇 년밖에 안 지났 는데 어떻게 아랍의 봄을 올바르게 평가할 수 있겠는가. 좀 더 시간이 지난 후에 판단해야 맞다.

성공과 실패의 판단을 서두르는 이유는 확고한 시간축이 없 기 때문이다. 시간축을 정확하게 설정하는 것은 리더의 중요한 역할 중 하나다. '이 안건은 1년 안에 판단할 것인가, 5년 안에 판단할 것인가? 아니면 10년이 걸리는 안건인가?' 이를 결정하 는 사람은 리더다.

남의 위에 서는 사람에게는 시간축을 자유롭게 쓸 수 있는 권 한이 있다. 그렇기 때문에 어떤 안건에 대해 어느 정도의 연차로 판단해야 하는지를 냉정하게 생각해서 정확한 시간축을 설정해 야 한다.

비스마르크는 "어리석은 사람은 경험에서 배우고 현명한 사람은 역사에서 배운다."라는 명언을 남겼는데 이 또한 시간축의 중요성을 나타낸 말이다. 개인이 평생 동안 경험할 수 있는 시간축은 그다지 길지 않다. 그러나 역사를 척도로 삼으면 사람은 유연하게 시간축을 설정할 수 있다.

너무 혼탁해도, 너무 고고해도
안 되는 천자의 인격

貞 觀 政 要

인간에게는 양면성이 있다

상대방이 선한 사람이든 악한 사람이든 차별하지 않고 포용하는 도량을 갖추는 것을 일반적으로 '청탁병탄(淸濁倂吞)'이라고 한다. 《정관정요》에서 리더는 청탁병탄한 인물이어야 한다고 설명한다.

"천자는 그 인격이 때묻어 혼탁해지면 안 된다. 그렇다고 반짝반짝 빛날 정도로 맑아서도 안 된다. 혼탁해지면 선악을 구별하기 어려워지고 지나치게 청렴결백하면 사람을 포용하지 못한다. 위에 서는 사람은 불결하거나 어둡거나 어리석으면 안 되지만 그렇다고 사소한 부분까지 말참견하면 주위 사람들도 숨이 막혀서 따르지 못한다." (권8 논형법 제31 4장)

리더가 '때묻어 혼탁해지면 안 되는 것'은 지당한 말이다. 서구 선진국에서는 리더의 자질로 정직함을 최우선적으로 요구한다. 그래서 '반짝반짝 빛날 정도로 맑아서도 안 된다'라는 말은 의외라고 생각할 수 있다.

"물이 지극히 맑으면 고기가 없다(云水至淸則無魚 운수지청즉무어)."라는 말이 있다. 자기만의 결벽증 같은 원칙을 고집하며 그것을 타인에게도 강요할 경우, 사람들이 꺼려서 고립되고 만다는 의미다.

홀로 결백한 사람은 다른 사람을 숨 막히게 한다

15세기 말 피렌체에 지롤라모 사보나롤라(Girolamo Savonarola) 라고 하는 수도사가 있었다. 그는 메디치 가문의 실질적인 독재체제를 비판했다. 프랑스 국왕 샤를 8세가 피렌체에 입성해 메

디치 가문을 추방하자 사보나롤라가 실권을 장악하여 신권정치를 행했다.

사보나롤라의 대표적인 행보를 보면, 그는 공예품이나 미술품 등을 허영(실체가 없고 겉치레뿐인 것)이라고 해서 시 청사 앞 광장에 쌓아 올려서 몽땅 태워버렸다. 그 후 시민 생활은 살벌해졌다. 결국 그의 엄격함을 견디지 못한 시민들이 반란을 일으켜 사보나롤라는 화형에 처해졌다.

그가 인심을 모으지 못한 이유는 지나치게 엄격했고 인간의 양면성에 대해 배려가 없었으며 차별 없이 모든 사람을 포용하는 도량을 전혀 갖추지 못했기 때문이다.

이세민은 '나에게도 혼탁해진 부분이 있으니 용서해달라'라고 하지 않았다. 군주의 행실은 마땅히 잘못이 없어야 한다. 그러나 위에 서는 사람은 '인간에게는 깨끗한 면과 더러운 면 둘 다 있다'라는 사실을 잊어서는 안 된다. 인간은 별 다를 바 없어서 어떤 인간에게나 결점이 있다. 이런 인간의 양면성을 모르는 사람이 리더가 되면 이해심 부족으로 주위 사람들을 숨 막히게 할 뿐이다.

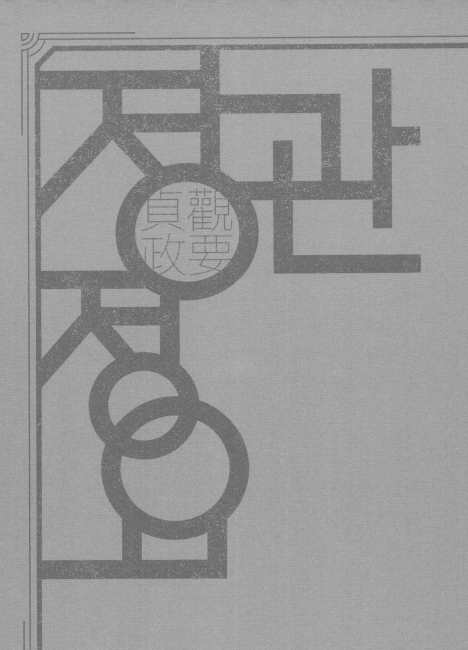

의심하는 사장에게
믿음을 주는 직원은 없다

민심을 얻으려면
정통성이 필요하다

貞 觀 政 要

왕조가 멸망하는 이유는 하늘이 노했기 때문이다

세계 어느 나라든 왕조가 새롭게 바뀔 때는 '왜 바뀌어야 하는 가?', '이 인물이 나라를 통치하는 이유가 무엇인가?'라는 질문에 명분이 될 만한 정통성이 필요하다.

중국에서는 옛날부터 맹자의 역성혁명의 논리가 왕조 교대를 설명해왔다. 맹자는 하늘과 군주와 백성의 관계를 이렇게 생각했다. 주권은 하늘에 있고 하늘은 군주에게 자신을 대신하여 (수권) 백성을 통치하게 한다. 또한 하늘은 늘 하계를 내려다보며 군주가 악정을 펼치면 홍수나 기근을 일으켜 "너에게 정치를 맡겼는데 이 꼴은 무엇이냐. 나쁜 짓을 하고 있음을 빨리 깨쳐라."라고 경고한다. 즉 천재지변은 하늘이 군주에게 내리는 벌이라는 뜻이다.

군주가 하늘의 경고를 무시하고 악정을 계속 펼치면 하늘은 백성에게 반란을 일으키게 하여 새로운 왕조를 세운다(다른 성씨의 군주로 바꾼다). 이것이 역성혁명의 논리다.

민심은 군주의 신념에 따라 움직인다

역성혁명의 논리에 따르면 '멸망한 왕조의 마지막 군주는 악정을 계속 저지른 극악한 인간'이 된다. 하지만 실제로는 기후 탓이다. 농업이 거의 유일한 산업이었던 시대라서 가능한 이야기다.

기후 악화로 식량이 부족해지고 백성이 불안이 높아져서 반란이 일어나며 반란을 주도한 인물이 다음 군주가 되는 것이 사실이다. 그러나 새로운 군주는 역성혁명의 논리를 내세워 '하늘이 자신을 선택했다'라고 정통성을 부여했다.

맹자는 역성혁명의 논리를 통한 군주 교대 형식으로 '선양'과 '방벌'을 내세웠다. 실제로는 방벌보다 이전 군주를 위협해서 선양하게 하는 사례가 대부분이었다. 두 가지 교대 형식은 송나라가 건국될 때까지 지속된다.

선양

군주 스스로 잘못을 인정하고 혈연 이외의 사람에게 자리를 물려주는 것이다.

방벌

백성이 쿠데타를 일으켜 어리석은 군주를 내쫓는 것이다.

《삼국지》로 유명한 조조의 아들 조비는 한나라의 헌제(한왕조의 마지막 황제)에게 압력을 가해서 황위를 손에 넣고 위나라를 개국한다. 이때 교대 형식이 선양이다.

조비는 '헌제가 제위를 자신에게 물려주겠다고 하니 어쩔 수 없이 황위에 오르는 것'이라고 민심이 받아들이도록 억지로 헌제에게 의식을 시켰다. 성 밖에 선양대를 높이 쌓아 올리고 중신과 귀족이 지켜보는 앞에서 다음과 같이 대화를 주고받았다.

헌제 조비는 훌륭한 인물이니 빨리 황제의 자리에 오르게.

조비 아닙니다. 당치도 않습니다.

헌제 그러지 말고 빨리 황제가 되어주게.

조비 아닙니다. 말도 안 됩니다.

이렇게 조비는 헌제가 그에게 양위를 청원하면 말도 안 된다

고 거절하는 식의 연극을 수차례나 반복한 끝에 황제가 되었다
고 한다.

역성혁명의 논리는 훗날 '오행사상'을 더해서 체계화된다. 왕
조 교체는 오행(목, 화, 토, 금, 수)에 대응한다는 생각이다. 예를 들
면 한나라는 화덕의 왕조라서 다음 왕조는 토덕의 왕조가 될 것
이라는 식이다.

오행사상

만물은 목(파랑), 화(빨강), 토(노랑), 금(하양), 수(검정)의 원소로 이루어진다
는 설이다. 사계, 방위 등 모든 것에 오행이 대응하며 사계(방위)는 각각 '청
춘'(동), '주하'(남), '백추'(서), '현동'(북)으로 나타낸다. 중앙은 '황토'다.

왕조가 교체될 때마다 왜 이렇게 웃지 못할 연극과 다양한 사
상까지 동원하여 정통성을 찾으려 애썼을까? 바로 민심을 얻기
위해서다. 마찬가지로 리더가 조직과 사람을 움직이기 위해서
는 신념이 뒷받침되어야 한다. 신념이 있을 때 사람들은 마땅한
방향으로 선뜻 움직인다.

회사에 사고가 터졌는데
사장이 밤하늘을 보러 간 이유

貞 觀 政 要

감정이 과하면 과도한 평가를 내린다

감정과 사고는 연결되어 있다. 감정 변화의 폭이 커지면 사고의
여유가 없어져서 올바른 판단을 하지 못한다. 마음이 울렁거릴
때는 진정될 때까지 기다려야 한다. 감정에 따라 움직이거나 조
건반사적으로 입을 열면 잘못된 판단을 내리기 쉽다.

　이세민은 세상이 혼란해지는 것은 군주의 어지러운 감정에서
기인한다고 생각했다. 그리고 군주가 희로애락에 이끌려 행동
하면 반드시 '과도한 평가'를 내리게 된다고 이해했다.

"예로부터 수많은 제왕이 자신의 감정에 따라 기뻐하거나 화를 냈다. 기쁠 때는 그다지 공적을 올리지 못한 사람에게까지 상을 주고 화날 때는 죄가 없는 사람까지 죽였다. 세상이 혼란해지는 것은 대부분 이러한 제왕의 행실이 원인이었다." (권2구간제44장)

인간은 감정이 있기 때문에 희로애락을 없앨 수 없다. 하지만 아주 조금만 머리를 쓰면 감정이 흔들렸을 때 마음을 평온한 상태로 되돌릴 수 있다. 가장 효과적인 방법은 '잠자기'와 '재우기'다. 잠자기는 수면을 취하는 것이고, 재우기는 시간을 두는 것이다.

고대 중국에서는 부모가 죽었을 때 자식은 3년 동안 상복을 입어야 한다고 생각했다. 이는 일정 기간 사교적인 행동을 피하고 몸을 삼간다는 풍습이다. 의례적 의미뿐만 아니라 부모와 배우자 등 친한 사람을 잃은 상실감에서 빠져나오려면 3년 정도는 걸린다는 관점도 포함되어 있다. 깊은 슬픔을 치유하려면 시간이 지나야 한다. 삼년상(三年喪)은 사람이 슬픔으로부터 다시 일어나기까지의 경험칙에서 태어난 말일지 모른다.

20년 정도 전에 일본에서 대기업 집단 식중독 사건이 일어났을 때 해명을 위해 열린 기자회견장에서 당시의 사장이 흥분을 억누르지 못하고 "나는 안 잤다!"라며 욱한 적이 있다. 해당 대기업에 대한 대중의 불신이 강해지는 와중에 나온 발언이었던 만큼 비판 여론이 더욱 거세졌다.

사장이 욱한 이유는 수면 부족으로 감정을 통제하지 못했기 때문이다. 대참사가 닥쳤을 때와 같은 긴급사태에서는 일반적으로 리더가 '조금도 쉬지 않고 대처하는 것'이 옳다고 여기는 사람이 있는데 내 생각은 전혀 다르다. 참사가 일어났을 때야말로 오히려 푹 자고 제대로 먹어서 컨디션을 조절해야 한다.

인간은 그다지 현명하지 않다. 현명하지 않은 인간이 피곤한 상태에서 지휘하면 능력이 평소보다 더 떨어져서 잘못된 판단을 내리게 된다. 그야말로 대참사다.

감정 통제가 어려울 때 극복 요령

어느 대기업이 지방자치단체에 신청할 때 허위 데이터를 작성해 문제가 된 적이 있다. 당시 이 회사의 경영 대표였던 A사장은 '리더인 내가 어떻게든 이 사건을 해결해야 한다' 하고 결의했다. 어려운 상황을 극복하려면 마음을 평온하게 유지해야 한다. A사장은 마음이 궁지에 몰렸을 때 빨리 귀가해서 밤하늘의 별을 바라보며 천문학 책을 읽었다고 한다.

우주 탄생에 대해 이것저것 생각하는 일은 A사장의 활력소가 되었다. '우주의 시작과 끝은 아직 잘 모른다. 이 우주 스케일의 크기에 비하면 어지간한 일은 아무것도 아니다. 반드시 극복할 수 있다.' 하고 별을 보며 생각했다고 한다. 아마 A사장은 137억 년이라는 시간과 넓은 우주라는 공간을 생각하며 자신의 감정을 통제했을 것이다.

또한 예전에 서독의 총리를 역임한 빌리 브란트(Willy Brandt)는 어려운 상황에 직면하면 여행을 떠나서 감정을 통제하고 마음을 회복했다고 한다. 여행을 떠나면 다른 세계를 알 수 있고 일상의 정무에서 시간적으로나 공간적으로도 자신을 분리할 수 있다. 한창 여행하는 중에는 사회민주당의 당대표에서 일개 여행자가 되어 시간과 공간을 넓히며 모든 일을 밖에서 다시 바라봤을 것이다. 그렇게 해서 브란트는 정신을 차릴 수 있었다.

A사장과 브란트는 자신의 감정을 통제하는 방법을 알았다. 그렇기 때문에 말썽이 생겨도 냉정하게 판단을 내릴 수 있었다.

여러 사자에게 같은 전갈을 보내는
우를 범하지 말라

貞 觀 政 要

리더가 관여하지 않아야 하는 이유

이세민은 서역(타림분지와 중앙아시아 등의 유목민 본거지)을 안정화하기 위해서 섭호가한(당시 서역을 지배한 유목국가 돌궐의 군주)을 사자로 파견했다. 그런데 사자가 돌아오지 않자 그동안 다른 사람에게 돈을 들려 보내 서역 각국을 돌며 말을 사게 했다. 서역이 아직 진정되지 않았는데도 계속해서 사자를 보낸 것에 대해 위징은 쓴소리를 고했다.

"지금 사자를 파견한 것은 돌궐을 비롯한 서역을 지배하기 위함입니다. 아직 그게 실현되지 않았는데 폐하께서는 여러 나라에 다른 대사를 파견하여 말을 사게 했습니다. 그런 일을 하면 여러 나라의 사람들이 '황제의 목적은 말을 사는 것이지 서역을 지배하는 것이 아니다'라고 생각할 것입니다. 만약에 서역을 지배해도 말을 여기저기서 사 모은 황제를 존경하려고 하지 않을 것이며, 서역을 다스리지 못하면 원한을 사게 됩니다. 또한 그런 무책임한 행동을 하면 점점 아무도 말을 팔지 않게 됩니다. 사자가 확실히 서역을 통합하면 이쪽에서 말을 사러 가지 않아도 사람들이 말을 끌고 올 것입니다."(권2 납간 제58장)

'사자를 보냈으면 그 사자가 성과를 올리고 돌아올 때까지 쓸데없는 일은 하지 않아야 한다. 일을 한번 맡겼으면 딱 버티고 기다려야 한다. 황제라면 그 정도의 도량을 보여줘야 하는데 당신은 아직도 경솔하다. 서역이 진정되지 않았는데 빨리 좋은 말을 사려고 지금 다른 사자를 보내다니 이 얼마나 사려가 부족한 행동인가.'

이와 같은 의미로 위징은 이세민을 나무랐다. 위징은 마지막으로 고사를 인용해 이세민을 다그친다.

"이 상태라면 폐하의 평가는 서한의 문제나 동한의 광무제보다 아래입니다. 위나라의 문제가 이전에 서역의 큰 진주(비취나 홍옥 등)를 구매하려고 한 일이 있었습니다. 그때 소칙(중국 동한 말기부터 삼국시대에 걸친 정치가)이 '만약에 폐하의 은혜가 온 세상에 미치면 진주를 사려고 하지 않아도 저절로 모일 것입니다. 그것은 돈을 주고 구하는 것보다 더 가치가 있습니다.'라고 말했습니다."(권2 납간 제58장)

위징의 말을 듣고 이세민은 말을 사러 보내는 일을 서둘러 그만두게 했다고 한다. 리더는 지시를 내리기 전에 '누구에게, 무엇을, 어떤 우선순위로 맡길 것인가'에 대해 심사숙고해야 한다.

지시를 내린 후 불안한 이유

부하 직원 A에게 지시를 내리며 "자네에게 맡기겠네."라고 했다면 그 시점에서 상사는 마음을 정해야 한다. "A에게 이 일을 부탁했지만 조금 걱정되니까 자네 쪽에서도 도와주게."라며 부하 직원 B에게도 지시하면 부하 직원 A와 B 모두 상사의 말을 믿지 못하게 된다.

두 사람에게 같은 지시를 내린 것은 애초에 '어느 쪽에게 부탁해야 할지', '어느 쪽이 적임자인지'를 심사숙고하지 않았기 때문이다. 이세민이 서역에 보낸 사자가 돌아올 때까지 기다리지

· 당나라 최대 영역(670년경) ·

위구르

서돌궐   동돌궐

신라

우마이야 왕조   토번   장안 낙양

바르다나 왕조   남조

사자를 보낸다 해도 서역은 멀고 넓기 때문에
임무가 끝나려면 상당한 세월이 걸린다.

않고 다른 사자를 보낸 것은 권한의 감각을 잃고 리더의 역할을
제대로 하지 못했기 때문이다.

사람을 잘 보고 어떻게 적재적소에 조합하면 강해질지를 생
각하는 것이 리더의 기본적인 역할이다. 이것이 강한 팀을 만드
는 전략이다. 자산 운용 성과(퍼포먼스)가 포트폴리오 배분(각 자
산의 조합)으로 거의 정해지는 것과 같은 이치다. 심사숙고하지
않고 사람을 배치하는 것은 리더로서 치명적인 실수라고 할 수
있다.

인재의 성장에 필요한
세 가지

貞 觀 政 要

사람의 성장에 필요한 세 가지

신하 유계는 황태자 교육이 미흡한 점을 걱정하며 이세민에게
상소를 올린다.

"폐하는 총명하고 수많은 관직을 경험해서 다재다예하고 문무 모
두 뛰어나 황제를 계승하기에 부족함이 없습니다. 각국의 질서가
유지되고 천하는 안정되었습니다. 폐하는 지금도 충분히 훌륭하
지만 그래도 또 '나는 아직 훌륭한 군주가 아니다'라며 자신을 훈

계해서 더 좋은 정치를 사기 위해서 고심하십니다. ……그런데 왜 태자 교육에 힘을 쏟지 않는지 저는 이해할 수 없습니다." (권4 논존사전 제10 6장)

유계가 상소를 올린 이유는 다음의 세 가지였다.

"폐하는 밤을 새워서까지 책을 읽고 말 위에서도 책을 읽었는데 황태자에게는 한가로이 놀게 하고 학문을 시키지 않습니다. 이것이 제가 이해할 수 없는 첫 번째 이유입니다."

"폐하가 쓰는 문장은 매우 아름답고 섬세하며 걸출한데 황태자에게는 문장을 쓰는 방법과 표현하는 방법을 가르치지 않습니다. 이것이 제가 이해할 수 없는 두 번째 이유입니다."

"폐하는 천하에 홀로 뛰어나지만 안색을 부드럽게 해서 다양한 사람의 의견에 귀를 기울입니다. 그런 자세를 유지했기 때문에 다양한 정보가 들어옵니다. 하지만 황태자는 왕궁에 들어와 폐하의 곁에 있을 뿐이며 옳은 사람과 사귀지 않습니다. 이것이 제가 이해할 수 없는 세 번째 이유입니다."

유계는 황태자가 책을 읽지 않고, 문장 쓰는 방법을 공부하지 않으며, 남과의 교류가 부족하다고 지적했다.

일이 없으면 의욕도 없다

———

유계의 지적을 달리 말하면 사람의 성장에는 독서, 문장력, 남과의 교류가 필요하다는 것이다. 조직에서 인재를 키울 때 세 가지 방법을 활용할 수 있다.

독서

책을 읽어 역사를 배우라는 것이다. 인간에게는 과거만한 교재가 없다. 책을 읽고 선인을 본보기로 삼아야 한다.

문장력

예전에 베이징에 방문했을 때 중국 간부가 내게 농담을 한 적이 있다. 지방에 시찰하러 갔을 때 두터운 접대를 받고 싶어서 서도를 공부했다는 농담이었다.

시찰하러 간 지방의 관리가 그 사람에게 "모처럼 베이징에서 오셨으니 휘호(붓으로 글을 쓰거나 그림을 그리는 것)해주십시오."라고 부탁했다고 한다. 알고 보니 지방 관리는 간부가 글을 잘 썼는지 못 썼는지를 보고 접대 순위를 매겼다. '이 사람은 상당한 실력이니 송으로, 이 사람은 보통이니 죽, 이놈은 글을 못 쓰니 매로 하자'라고 송죽매로 순위를 정했다. 간부는 최대한 좋은 접대를 받고 싶어서 열심히 서도를 배웠다는 것이다.

이런 농담이 생겨날 정도로 중국에서는 지금도 문필을 중시한다. 문장과 글씨는 그 사람의 인품을 나타낸다.

내가 연차가 낮은 직원에게 페이스북이나 블로그 등에 글을 쓰도록 권하는 이유는 자신의 생각이나 정보를 문장으로 정리하는 연습이 되기 때문이다. 무슨 일이든지 키워드만 메모하는 것보다 문장으로 쓰는 것이 좋다. 키워드뿐이면 시간이 지나 메모를 봐도 기억이 나지 않는다. 문장으로 써서 문맥으로 외워야 기억에 남는다.

일기보다 블로그에 적는 게 더 효과적인데, 이는 누군가가 읽을 것을 가정해 작성하므로 좀 더 문맥이 정리되기 때문이다. 나는 혼자 본 영화는 내용을 금세 잊어버려도 친구와 함께 보고 의견까지 나눈 영화는 확실히 오래 기억한다. 이는 영화를 보고 난 직후에 생각을 언어화(문맥화)한 지식이 머릿속에 정착했기 때문이다.

남과의 교류

위에 서는 사람은 벌거벗은 임금님이 되지 않도록 쓴소리를 올리는 사람을 곁에 두어야 한다. 남들과 어울리지 않고 자기 혼자서 생각해봤자 올바른 판단을 할 수 없다.

소인한거위불선(小人閑居爲不善)이라는 말은 '하찮은 사람이 한가로우면 제대로 된 생각을 하지 않는다'라는 의미다. 나는 일하는 시간에 부하 직원을 바쁘게 하는 것이 상사의 애정이라고 생각한다. 즉 리더는 홀로 책상 앞에 앉아 있는 직원을 만들면 안 된다.

바쁘게 일을 시키면 부하 직원의 불평불만을 조장한다고 생각하기 쉬운데 오히려 그 반대다. 할 일 없이 한가로운 직원일수록 불만을 늘어놓는다. 조직이 불안정한 원인은 바로 한가로운 직원에게서 나온다. 한가한 직원은 '나는 신뢰받지 못한다', '상사에게 인정받지 못한다'라고 생각해서 일할 의욕을 잃는다.

부하 직원에게 일을 부여하는 것은 상사의 역할이자 부하 직원을 향한 애정이다. 일반론이지만 업무 시간에는 조금 바쁘게 일을 시켜야 부하 직원도 의욕적이 된다. 물론 그렇다고 해서 야근해야 다 처리할 수 있을 정도로 많은 일을 주는 것은 당치 않다.

사람을 키우는
'적당한 부담'

貞 觀 政 要

어려움에 처해야
비로소 그 사람의 진가를 알 수 있다

———

이세민은 가신 소우의 충성심에 대해 다음과 같은 시를 지었다.

> "질풍지경초, 판탕식성신(疾風知勁草 板蕩識誠臣, 바람이 거세게 불어
> 야 억센 풀을 알듯이 천하가 어지러울 때 꾸밈없고 진실한 신하를 알 수 있
> 다)"(권5 논충의 제14 6장)

질풍은 거세게 부는 바람을, 경초는 억센 풀을, 판탕은 난세를, 성신은 충성심이 있는 가신을 뜻한다. 알기 쉽게 해석하면 다음과 같다.

'바람이 불면 풀이 나부끼는데 억센 풀은 바람에도 나부끼지 않는다. 그와 마찬가지로 그 사람의 진위는 세상이 평화로울 때는 모른다. 천하가 혼란해졌을 때야말로 그 사람의 충성심을 알 수 있다.'

이는 현대의 직장 조직에서도 그대로 적용된다. "유사시의 친구가 진정한 친구다."라는 말처럼 괴로운 상황일 때 손을 내밀어 주는 사람이야말로 신뢰할 만하다.

생명보험회사에서 근무하던 시절, 선배에게서 비슷한 조언을 들었다.

"아무 문제없이 일이 잘 풀릴 때는 이 회사에 있는 사람은 모두 우수하고 훌륭하며 신사답지. 하지만 상하 직속 라인이 생기거나 이해관계가 얽혀서 생사가 달린 협상을 하게 되면 반드시 그렇지도 않다는 걸 알게 될 거야."

어려움에 처해야 비로소 그 사람의 진정한 가치, 힘, 의지, 신념을 분간할 수 있다.

사람을 성장시키는 '적당한 부담'

나는 이세민의 시에 담긴 본질적인 의미는 '사람을 성장시키려면 어느 정도의 부담을 가해야 한다'라고 생각한다. 사람은 부담이 있어야 성장한다. 팔다리의 근육과 두뇌를 단련할 때에도 적절한 부담이 필요하다. 어설프게 운동해봤자 그저 피곤할 뿐 근육은 단련되지 않는다.

나는 도쿄에 살았을 때 3년 정도 피트니스 센터에 다니며 일주일에 한 번 트레이닝을 한 적이 있다. 트레이너가 작성한 커리큘럼대로 몸에 부담을 가했는데 커리큘럼은 내가 빠듯하게 해낼 수 있는 중량, 횟수, 시간으로 짜였다. 트레이너는 나에게 어느 정도의 부담을 가해야 하는지, 어느 정도의 '질풍'을 부여해야 하는지 정확하게 파악했다. 그래서 나도 '거센 바람에 나부껴 쓰러지지 않고' 몸을 단련할 수 있었다. 두 시간 코스였는데 온 힘을 다해 운동하면 몸무게가 약 500그램이 빠졌고, 대충하면 약 300그램만 빠졌다.

뛰어난 트레이너와 그렇지 않은 트레이너를 구분하는 기준은 트레이닝 이론이 아니라 대상을 관찰하는 능력 차이일 것이다. 어떤 트레이닝을 하면 좋은 기록이 나오느냐와 같은 방법론은 어느 트레이너나 똑같이 알고 있다. 하지만 상대방에게 맞춰서 커리큘럼을 짜는 능력은 저마다 다르다. 이 능력이 없으면 기와 유형(차분히 시간을 들여서 성장하는 유형)인 상대방에게 맞지 않은 커리큘럼으로 자칫 몸을 망가뜨릴 수 있다. 뛰어난 트레이너는 상대방의 유형을 잘 관찰하여 특성에 맞게 커리큘럼을 짤 수 있다.

사람을 단련할 때는 부담을 가하는 것이 기본이다. 그러나 어느 정도의 부담을 가해야 하는지는 사람마다 다르다. 앞에서 언급했듯이 사람에게는 기와 유형과 철 유형이 있다. 가령 기와 유형에게 큰 부담을 주면 흙덩이가 되고 만다. 부하 직원을 단련할 때는 부담을 주기 전에 유심히 관찰해서 상대방의 적성을 확인해야 한다.

어떻게 해야 상대방의 유형을 확인할 수 있을까? 먼저 인간이라는 동물을 알아야 한다. 시간을 들여서 상대방의 이야기를 듣는 것도 좋지만 그것만으로는 부족하다. 인간이 어떤 지혜와 구성 요소로 사회를 성립했는지 공부하고 사람을 관리하는 사례를 연구해야 한다. 훌륭한 소설을 읽고 역사를 공부하면 도움이 된다.

'리더가 어떤 상황에서 어떤 사람을 부렸는지'를 알면 비로소 '이 사람은 그 사람과 비슷하니까 때려도 괜찮겠다', '이 사람은 때리면 망가지니까 차분하게 시간을 들여서 키워야 한다' 하고 분별할 수 있다.

그 부하 직원이
상사의 말을 안 듣는 이유

貞 觀 政 要

상사의 진심을 간파하는 힘

생명보험회사에서 근무하던 시절에 나는 즉흥적으로 할 일이 생각나면 그때그때 전부 부하 직원에게 지시했다. 그리고 마감일을 정해놓고 일정표에 'A→B 무슨무슨 일' 등으로 메모했다.

일정표는 내 책상 위에 놓여 있었기에 아무도 볼 수 없었다. 어느 날 외부 일정을 마치고 예정보다 일찍 돌아왔는데, 부하 직원이 내 일정표에 적힌 메모를 지우개로 지우고 있었다. 내가 "자네, 지금 뭐하는 건가?"라며 주의를 주자 부하 직원은 난처한

기색으로 웃으며 이렇게 말했다.

"이런 들켰네요. 팀장님 지시가 너무 많아서 어쩔 수 없었습니다. 하하하. 귀찮아서 몇 개만 지우려고 했어요."

내가 "일을 우습게 보는 건가?"라고 따지자 그는 태연하게 이렇게 대꾸했다.

"그렇게 화내지 마세요. 저도 중요한 일은 확실히 합니다. 게다가 몰래 지운 지 꽤 됐는데 그동안 팀장님은 모르셨잖아요? 지금껏 곤란한 일도 없었지 않습니까? 그러면 그 일은 안 해도 되었던 일 아닌가요?"

완전히 한 방 먹었다. 실제로 그가 그동안 나 몰래 내가 내린 지시 몇 가지를 지웠는데도 내가 업무에서 곤란했던 적은 한 번도 없었다. 그의 말이 맞았기 때문에 더는 화를 낼 수 없었다.

동물은 모든 능력을 사용해 상대방이 적인지 아군인지 순식간에 식별한다고 한다. 식별능력이 없으면 쉽게 잡아먹히기 때문이다. 인간도 동물이므로 사람과 사람이 대치할 때는 자신에게 위해를 가하지 않는지, 안심할 수 있는지, 신변을 맡길 수 있는지를 식별하려고 한다.

나는 어느 안건이든 똑같이 지시를 내렸다고 생각했다. 하지만 그렇게 생각한 사람은 나뿐이었다. 그 부하 직원은 내가 진심으로 한 말인지, 즉흥적으로 한 말인지, 중요한 일인지, 사소한 일인지를 동물적인 감각으로 간파했다. 그가 내 즉흥적인 지시를 전부 따랐다면 시간을 낭비했을 것이다. 야근을 매우 싫어하는 그는 식별능력이 아주 뛰어났다.

신념과 성실함이 있느냐 없느냐

위징은 이세민에게 군주가 명령해도 아랫사람이 행동하지 않으면 그것은 군주가 명령하는 말에 신념과 성실함이 없기 때문이라고 설명했다.

> "말해도 실행하지 않는 것은 말에 신(信)이 없기 때문이며, 명령해도 따르지 않는 것은 명령에 성(誠)이 없기 때문입니다. 신이 없는 말과 성이 없는 명령은, 윗사람은 덕을 파괴하고 아랫사람은 자신을 위험하게 하는 것입니다." (권5 논성신 제17 4장)

여기서 '신'은 신념을, '성'은 성실함을 의미한다. 위징의 직언은 앞에서 말한 내 일화에도 적용된다. 내가 내린 지시는 대부분 즉흥적이어서 신념과 성실함이 부족했다. 그래서 그 부하 직원은 나를 따르지 않았다. 상사의 명령을 부하 직원이 순순히 따르지 않는다면 상사의 말에 신념과 성실함이 부족해서일 수 있다.

리더가 즉흥적으로 떠오른 일을 지시하는 이유는 '상사인 내가 더 대단하다', '부하 직원은 상사가 하는 말을 따르는 게 당연하다'라는 오만한 생각이 밑바탕에 깔려 있기 때문이다. 상사는 전지전능하지 않다. 극단적으로 표현하면 팀을 하나로 모을 사람(역할)이 필요하므로 상사라고 '임시 결정'되었을 뿐이다. 상사가 즉흥적으로 신념과 성실함이 없는 지시를 남발하거나 '이런 말을 하면 부하 직원이 좋아할 것이다'라며 그 자리에서 장단을 맞추면 부하 직원이 그 말을 들을 리가 없다.

지금까지 '상사의 발언에 신념과 성실함이 없다'라고 느낀 적이 분명히 있을 것이다. 그렇게 느낀 이유는 몰랐어도 '신념과 성실함이 결여된 지시'는 알 수 있었을 것이다. 상사가 자신의 신념을 담아 내린 지시라면 부하 직원에게는 그 진심이 반드시 전해질 테고, 부하 직원은 상사의 신념에 부응하려고 할 것이다.

위에 서는 사람의 말은 무겁다. 신념과 성실함은 리더의 말에 무게를 부여한다. 상대방이 자신의 말을 따르게 하려면 심사숙고를 거듭한 후에 입을 열어야 한다. 리더는 자신의 말에 책임을 지고 신념과 성실함을 다해야 한다.

의심하는 리더에게
믿음을 주는 팀원은 없다

貞 觀 政 要

부하 직원을 신뢰해야 이득이다

인간은 감정의 동물이다. 아무리 리더가 자신의 감정을 숨기고 어느 부하 직원에게나 평등하게 대했다고 생각해도 부하 직원은 '상사가 자신을 좋아하는지 싫어하는지'를 간파한다.

이전에 강연회 무대에 섰을 때 100명 정도의 참가자에게 다음과 같은 질문을 한 적이 있었다.

"상사는 부하 직원에 대한 호불호를 최대한 겉으로 드러내지 않도록 조심하고 감정을 숨기려고 노력합니다. 하지만 숨기려고 해봤자 이 상사가 나를 좋아하는지, 싫어하는지를 그냥 알 수 있지 않습니까? 상사가 자신을 어떻게 생각하는지 안다고 생각하는 사람은 손을 들어주세요."

과연 몇 명이나 손을 들었을까? 100명의 참석자 중 거의 전원이 손을 들었다.

아무리 숨겨도 상사의 감정은 부하 직원에게 다 보인다. 다시 말해 호불호를 숨기는 일은 의미가 없다. 그렇다면 호불호를 숨기기보다 호불호에 상관없이 부하 직원을 공정하게 대하는 편이 중요하다.

나도 호불호가 심한 사람이다. 하지만 그런 감정과는 별개로 좋아하는 부하 직원이든 싫어하는 부하 직원이든 차별 없이 공정하고 평등하게 대하도록 주의했다. 어떤 부하 직원이든지 업무에 도움이 되도록 관리하는 것이 뛰어난 리더의 능력이라고 생각하기 때문이다.

나는 기본적으로 어떤 부하 직원이든지 신뢰해야 득이라고 생각한다. 배신을 당했다고 해도 믿은 내가 잘못이라고 받아들이면 그만이다.

'내가 먼저 주고 상대방에게는 몇 가지를 받으면 감지덕지다. 세상에는 정말로 나쁜 사람이 그리 많지 않으므로 상사가 부하 직원을 진심으로 믿으면 상대방의 신뢰도 커질 것이다.' 이와 같이 낙관적으로 받아들였다.

5호 16국 시대에 '부견'이라는 황제가 있었다. 이 황제는 유목민 출신이었는데 유교를 깊이 공부한 이상가 기질의 명군이었다. 부견은 항복한 중국인 군인을 모두 용서하고 자신의 군대로 편입했다. 그들이 은혜를 입었다고 생각해 의리를 다해 분투하리라 여겼다.

하지만 결과는 좋지 않았다. 중국을 통일하려고 한 비수대전(383년)에서 그들은 한족 출신 동진의 아군이 되어 부견을 배신했다. 부견은 패배하고 도망쳤지만 이때 반란군은 부견을 살해하지 않고 잠자코 지나가게 했다고 한다.

아마 반란군은 '부견은 원래 적이었던 우리를 믿어줬다. 그렇게까지 우리를 믿어줬으니 적어도 목숨만은 살려주자'라고 생각하지 않았을까?

신뢰하기 때문에 실적이 나온다

위징도 《정관정요》에서 윗사람과 아랫사람이 서로 의심하면 나라가 안정되지 않는다고 설명했다.

"윗사람이 아랫사람을 신용하지 않는 것은 아랫사람 중에는 믿을 수 있는 사람이 없다고 생각하기 때문입니다. 아랫사람을 신용하지 못하는 것은 윗사람에게 의심하는 마음이 있기 때문입니다. 《예기(유가의 경전)》에 '윗사람이 의심하면 백성은 방황하고 아랫사람의 마음을 모르면 군주는 고생한다'라고 쓰여 있습니다. 이렇듯 윗사람과 아랫사람이 서로 의심하면 나라를 좋게 할 수 없습니다." (권7 논예악 제29 9장)

또한 위징은 이세민에게 이런 말도 했다.

"생각건대 이를 믿으면 반드시 믿지 못하는 사람은 없습니다. 이를 의심하면 반드시 믿을 수 있는 사람은 없습니다." (권7 논예악 제29 9장)

이는 이쪽에서 먼저 상대방을 신용하면 상대방도 이쪽을 믿어주고, 이쪽에서 먼저 상대방을 의심하면 아무도 믿어주지 않는다는 뜻이다. 부하 직원을 신용하지 않는 상사는 부하 직원에게서도 신용을 얻지 못한다. 상사를 믿지 못하는 부하 직원이 상사를 성실하게 따를 리 없다.

"직장이나 상사의 신뢰를 얻고 싶다면 신뢰받을 만한 실적을 올린 후에 말하라."라고 주장하는 사람도 있는데 나는 그 생각이 틀렸다고 본다. "자네를 믿고 맡길 테니 실적을 올려주게."라고 말해야 옳지 않을까?

부하 직원이 리더를 믿어주기 때문에 리더도 부하 직원을 믿어주는 것이 아니다. 정반대의 순서다. 상사가 부하 직원을 믿기 때문에 부하 직원이 상사를 믿어주는 것이다. 이것이 리더에게 필요한 질서의 감각이다.

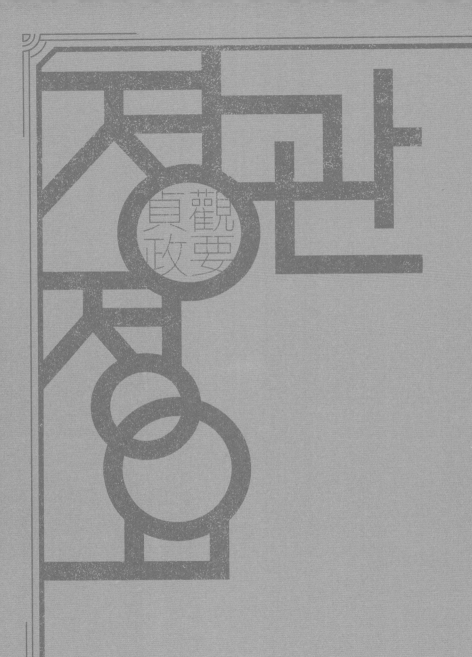

인재가 없는 게 아니라
찾지 못하는 것이다

조직을 안정시키는 논리란

貞 觀 政 要

황제는 부처이며 관료와 군인은 보살이다

5호 16국 시대를 지배하며 북위를 건국한 것은 탁발부 사람들이다. 그들은 한족(원래 중국 본토에 살던 농경민)이 아니라 유라시아 대초원에서 이동해 온 유목민의 자손이다. 한족이 아닌 이상 역성혁명의 논리는 소용없다. 역성혁명은 한족의 사상이기 때문이다.

이전 황제가 악정을 행했기에 하늘이 노했다. 풍수해를 일으키고 백성을 봉기시켜 자신을 황제로 임명해줬다. 그래서 황제의 성씨가 바뀌었다. 탁발부 사람들은 이런 논리를 쉽게 사용할 수 없다. 무엇보다도 중국풍의 성씨가 없다.

5호(다섯 이민족) 흉노, 선비, 갈, 저, 강

실제로는 다섯 이상(또는 다섯 이하)의 이민족이 존재했지만 오행설(만물은 목(木), 화(火), 토(土), 금(金), 수(水)의 5원소로 이루어진다는 중국 고대의 자연철학) 사상에 맞춰서 5호로 했다는 설이 유력하다.

그래서 탁발부 사람들은 대승불교에 주목했다. 이 시대의 불교는 부처 본연의 가르침과는 조금 다르다. '불교에는 국가를 진호하고 안정시키는 힘이 있다'라는 인식이 국가 불교였다.

당시의 국가 불교는 '황제는 부처(여래)다. 황제의 종인 관료와 군인은 백성을 구하는 보살이다. 그러므로 황제는 나라를 바쳐서 백성을 구해야 한다'라고 가르쳤다.

국가 불교는 원래 외국(인도)에서 들어온 교리다. 탁발부 사람들도 이민족이었기에 다음과 같은 생각으로 국가 불교를 받아들였다.

'국가 불교는 우리에게 딱 어울린다. 이 이론이라면 역성혁명의 논리에도 충분히 대항할 수 있다. 불교가 외국에서 들어왔듯이 탁발부 사람들은 중국 백성을 구하기 위해서 이 땅에 들어왔으며 북위를 건국했다.'

북위, 수나라, 당나라도 불교를 보호했는데, 그 이유는 자신들이 중국을 지배할 근거를 '황제는 부처'라는 국가 불교에서 찾았기 때문이다.

좀 더 자세히 말하자면 완전히 중국인이 되어(북위 효문제의 한화 정책) 역성혁명의 논리를 인용하려고 한 시기도 있었기 때문에 무조건적으로 말할 수는 없지만 대체로 탁발 국가에서는 불교를 중요시했다.

북위의 수도 평성(현재의 다퉁) 외곽에 있는 운강에는 수많은 석불이 남아 있다. 이 석불은 전부 역대 황제의 모습으로 조각되었다고 한다.

국가와 불교의 뒤얽힌 관계

중국에서 불교는 보호와 탄압으로 요동치며 뿌리를 뻗어나갔다. 불교는 북위의 국교가 되었지만 북위 역사상 불교를 비판하거나 탄압한 황제도 있다. 북위의 6대 황제 효문제는 이렇게 생각했다.

'불교는 외국의 이론이며 한족 중에는 반대하는 사람도 나올 것이다. 그렇다면 우리가 중국인이 되면 된다. 그러면 역성혁명의 논리를 사용할 수 있지 않을까?'

그리하여 효문제는 중국인이 되기 위한 한화 정책을 추진한다. 성씨를 중국식으로 바꾸고 민족의상인 호복을 버렸으며 선비어를 쓰면 관직을 좌천했다. 또한 수도를 평성에서 낙양으로 천도했다. 이런 식으로 유목민의 중국화를 도모했다.

한편 당나라의 황제가 된 이씨는 '우리 선조는 노자다'라고도 해서 정권 교대의 대의명분으로 역성혁명의 논리를 사용했다. 그러자 불교에 의지할 필요도, 불교를 보호할 필요도 없어졌다. 그러다 보니 불교 사원의 재산에 눈독들여 불교를 탄압하는 황제도 나온다(삼무일종의 법난이 유명하다).

이러한 영향을 받아서 불교도 변화한다. 권력의 상층부뿐만 아니라 민중에도 불교가 보급되었다. 이리하여 정토교와 지식인을 대상으로 한 선(禪)이 시작된다.

3대 황제 위선(고종)의 황후이자 이세민을 계승하여 당의 요람기를 다진 측천무후(則天武后)는 불교를 매우 소중하게 생각했다. 측천무후 시대에 낙양 외곽에 있는 용문 석굴에서 수많은 석불이 조각되었는데 그중에서 가장 큰 석불은 측천무후의 모습처럼 보이게 만들어졌다고 알려져 있다.

합리적인 법가, 형식적인 유가, 지적인 도가

———

춘추전국시대에는 유가, 도가, 묵가, 법가, 명가, 음양가, 종횡가, 농가, 소설가, 잡가 등 수많은 사상가가 활약했다. 이들을 총칭하여 제자백가(諸子百家)라고 한다. 제자백가 중에서 법가와 유가, 도가는 중국 사회의 안정에 크게 기여했다.

법가

법가는 법률로 나라를 다스리려고 하는 그룹이다. 광대한 중국을 다스리려면 법률을 제정하여 그 법률에 따라 문서 행정으로 나라를 운영하는 방식이 유용하다. 그렇기 때문에 당시 중국에서는 법가가 주류였다. 시황제는 법가를 활용하여 세계 최초의 중앙집권 국가를 완성했다.

하지만 법가는 합리적이기는 해도 지나치게 실무적이며 사상이나 꿈이 없는 탓에 민중의 마음에는 잘 와닿지 않았다. 그래서 정치 실무와는 별개로 형식적이라도 좋으니 꿈이 있는 사상이 필요했다.

유가

그 형식을 담당한 것이 유가였다. 유가의 주장은 기본적으로 현세를 긍정하는 밝고 적극적인 사상이다. 유가에는 '수신제가 치국평천하'라는 정치관이 있다. 천하를 평온무사하게 다스리려면 먼저 자신의 행실을 바르게 하고 가정을 바로잡은 뒤 나라를 다스려서 천하를 평화롭게 해야 한다는 정치관이다. 이는 지배자에게 매우 유리했기 때문에 유가는 조금씩 중국의 원칙이 되어간다.

유가는 선조를 소중히 해서 가족이 죽었을 때 성대한 장례식을 치른다. 그러나 훌륭한 장례식을 치러서 조상을 공경하려면 돈이 든다. 따라서 성실히 일하여 돈을 모아 집을 풍족하게 하고 나라를 풍요롭게 하자고 여기게 된다. 이는 경제 성장을 옳다고 여기는 발상으로 발전한다.

유가는 당초 원칙에 지나지 않았다. 특히 주자학 이후 이데올로기 성격이 강해져서 본심인 법가의 합리성을 오히려 왜곡하게 된다.

도가

도가는 노자, 장자를 대표로 하는 그룹으로 노장사상이라고도 한다. 도가를 선호한 사람은 지식인들이다. 법가 사상을 믿는 관료와 국가의 원칙을 구축한 유가, 그 어떤 사상도 받아들이지 않고 취미의 세계를 유람하는 것이 도가다.

전국시대의 사상가 장자는 '나비가 된 꿈을 꿨는데 잠에서 깬 후 자신이 꿈속에서 나비로 변신한 것인가, 나비가 지금 꿈속에

171   5장 | 인재가 없는 게 아니라 찾지 못하는 것이다

서 자신이 된 것인가'라고 의심했다고 전해진다(이 유명한 설화는 '호접지몽'으로 불린다). 이처럼 도가는 현세를 떠나 지적 세계에서의 놀이에 빠졌다.

이렇게 해서 중국 사상계는 본심은 법가, 형식적인 원칙은 유가, 취미의 세계는 도가로 완성된다. 바꿔 말하자면 관료는 법가, 민중은 유가, 지식인은 도가로 공존한다.

법가, 유가, 도가의 세 사상이 균형 있게 공존하여 중국을 안정시켰다. 마찬가지로 어떤 조직이든 다양성을 인정하고 균형을 이루었을 때 안정적으로 성과를 낼 수 있다.

잘못된 판단의 근본에는 언제나 '감정'이 있다

貞 觀 政 要

리더의 잘못된 판단에 침묵하는 조직에
빛나는 미래는 없다

———

상대방의 의견이 분명히 잘못됐는데도 이를 지적하지 않는 경우가 종종 있다. 혹여 지적받은 상대방이 화를 내거나 고집을 부리며 반격할까 우려되어서거나 상대방의 체면을 깎는 일을 구태여 하기 싫어서다.

그러나 이세민은 상대방이 어떻게 생각하든지 '그건 아니다'라고 잘못을 알려주는 것이 중요하다고 생각했다. 잘못을 논의

하는 자리에서는 아무리 상대방이 윗사람이라도 배려하면 안 된다. 주위 사람들의 눈치를 살피며 그 자리를 원만하게 수습하려는 태도는 삼가야 한다.

> "사람의 의견이라는 것은 늘 똑같다고 할 수 없다. 그러므로 올바르게 정무를 보려면 의견의 옳고 그름을 논해야 한다. 그러나 자신의 잘못을 듣는 것을 싫어하거나 '자신의 생각을 부정하는 것은 자신을 원망하기 때문이다'라고 생각하는 사람이 있으며, 또 개인적으로 어색해지는 것을 피하고 싶어서 생각한 말을 입 밖에 내지 않거나 잘못을 지적하면 상대방의 체면을 손상시킨다고 생각해서 가만히 있는 사람이 있다. 이런 일이 결국은 커다란 폐해가 되어 나라를 망하게 할지도 모른다." (권1 정체 제2 2장)

어떤 일이든 감정을 바탕으로 결정하면 안 된다. 숫자, 사실, 논리로 옳다고 생각하는 것을 확실하게 주장해야 한다. 미움을 받든 불평을 듣든 상관하지 않고 말이다.

나는 직장에서 하는 일이 개인적인 생활에서 하는 일에 비해 비교적 쉽다고 생각한다. 일할 때는 여러 가지 규칙이 정해져 있기 때문이다. 규칙에 따라 생각하면 90퍼센트의 사람이 정확한 판단과 옳은 일을 할 수 있다.

하지만 현실 세계에서는 90퍼센트의 사람이 잘못된 판단을 한다. 사람은 모든 일에 있어 감정을 바탕으로 생각하기 때문이다. '이전에 이런 말을 했더니 상사에게 혼났다', '나는 이렇게 생각하지만 상사는 이것을 싫어하기 때문에 인정해주지 않을 것이다', '이런 말을 해서 미움받고 싶지 않다'라는 감정이 들어가면 올바른 판단을 할 수 없다.

감정을 바탕으로 생각해 일하면 내면에서 '좋은 나'와 '나쁜 나'가 서로 싸우기 시작한다.

좋은 나   상대방의 주장은 분명히 틀렸는데 왜 아무도 지적하지 않는 거야?

나쁜 나   상대방은 상사야. 인사권을 갖고 있다고. 쓸데없는 소리를 해서 화나게 하면 내 미래는 없지 않을까?

좋은 나   역시 너도 출세하고 싶구나?

나쁜 나   그렇지 않아. 하지만 조직에서 살아가는 건 그런 거야.

이 싸움이 심해지면 우울증 상태에 빠지는 최악의 경우가 발생한다. 바꿔 말하자면 조직 안에서 상사의 존재가 그만큼 무겁다는 뜻이다. '노동 조건의 100퍼센트는 상사'라고 해도 결코 과언이 아니다.

일은 인생의 전부가 아니라는 생각

어떻게 해야 감정에 좌우되지 않고 자신의 의견을 주장할 수 있을까? 그 자리의 상황이나 주위 사람들의 눈치를 살피지 않으려면 어떻게 해야 할까? 비법은 인생에서 '일'의 위치(일과 삶의 균형)를 고려하는 것이다.

나는 일에 그다지 무게를 두지 않는다. 1년은 8,760시간인데 그중 일하는 시간은 기껏해야 2,000시간이다. 인간은 3분의 2가 넘는 시간을 먹고 자고 놀고 생활하는 데 쓴다. 일하는 시간은 고작 30퍼센트 정도다. 인생 전체의 30퍼센트뿐이므로 극단적으로 말하자면 일은 아무래도 상관없다. 인간에게 가장 중요한 것은 소중한 사람을 찾아서 먹고 자고 놀고 다음 세대를 키우는 것이다. 일은 정도껏 하면 된다.

일이 인생의 전부라고 생각하면 상사에게 미움받고 싶지 않아서 실수를 저지르지 않을까 두려운 마음이 든다. 그런데 인생에서 일은 겨우 30퍼센트를 차지한다고 생각하면 기분이 편해진다. 일은 아무래도 상관없다고 인식하면 쓸데없는 생각 없이 올바른 결정을 할 수 있다. '혼나거나 반대당해도 목숨까지 빼앗기는 것은 아니니까 내 의견을 확실히 말하자'라고 생각해보자.

⚓

천하의 몽골군 대장도
휘하의 병사는 열 명뿐

貞 觀 政 要

우수한 리더라도
관리할 수 있는 사람은 10명이 한도

———

'유목민의 십진법'이라는 생각법이 있다. 칭기즈 칸이나 쿠빌라이 칸(몽골 제국의 5대 황제)이 이끈 대유목 국가는 전통적으로 십인대, 백인대, 천인대라고 하는 계단형 조직을 만들었다.

각 대의 대장 밑에는 부하 10명만 있다. 천 명의 군대를 통솔하는 천인대장이 관리하는 사람은 백인대장 10명이다. 그리고 백인대장 밑에는 각각 십인대장 10명이 있고 십인대장 밑에는 병사 10명이 있다.

몽골군은 10명을 한 단위로 생각해서 대장 1명 밑에는 부하 10명만 두었다. 그만큼 유능한 대장이라도 관리할 수 있는 사람은 10명이 한도라는 것을 경험으로 알았기 때문이다.

십진법 생각법이 몽골군을 사상 최강의 군대로 만들었다. 킵차크족 등 다른 유목민의 대군단을 흡수해도 우수한 천인대장 1명이 백인대장 10명을 관리하면 즉시 십인대장 100명을 감당할 수 있다.

때때로 대기업 사장이 젊은 사원과 함께 점심을 먹는 경우가 있다. '젊은 사원의 의견을 직접 듣겠다'라는 발상인데, 비서팀이 선별한 젊은 사원과의 대화는 당연히 대체로 무난하다. 한 번의 점심식사만으로 충분하다며 직속 부하 직원(중역 등의 경영 간부)을 보는 시간을 소홀히 하면 몽골군의 비웃음을 살지도 모른다. "그런 일을 할 여유가 있으면 당신 밑에 있는 임원 10명을 좀 더 신중하게 관찰하라."라고 조언하지 않을까.

몽골군이 십진법 생각법으로 조직을 만든 것은 유목민의 오랜 경험칙으로 '인간의 능력은 그다지 높지 않다', '한 사람이 관리할 수 있는 부하의 수는 10명이 한도(사소한 일까지 관리할 수 있는 수는 두세 명이 한도)'라는 사실을 알았기 때문이다.

이세민 또한 인간의 능력이 그다지 높지 않음을 잘 알았다.

"정부의 일은 산처럼 쌓여 있다. 하루에 만 가지가 넘는 중요한 정무를 혼자서 생각하고 결재할 수는 없다. 군주라고 해도 모든 일에 정통한 것은 아니므로 하루에 열 가지 안건을 결재했다고 하면 그중 다섯 가지는 잘못 판단할지도 모른다. 잘못 판단하지 않고 옳은 답을 했다고 해도 그건 운이 좋았을 뿐이다. 판단이 맞으면 좋지만 위에 서는 사람의 말은 무겁기 때문에 맞지 않으면 큰일이다. 그래서 정무는 전문적인 지식을 가진 현명한 인물에게 맡기도록 하고 군주는 쓸데없이 말참견하지 않고 지켜보아야 한다."(권1 정체제25장)

라이프넷생명에서는 2016년 1월부터 5본부제를 도입하여 루틴 업무는 최대한 본부장까지로 완결하게 하고 대표는 넓은 시야로 회사 업무 전체를 바라보게 했다. 이 제도를 도입한 바탕은 이세민의 생각과 거의 일맥상통한다.

아무 일도 하지 않고 부하 직원을 지켜보는 용기

황제에게는 절대적인 권력이 있다. 하지만 이세민은 '황제라고 해도 능력적으로 결코 전지전능하지 않다', '권력이라는 절대 무기를 뽑으면 안 된다'라는 점을 잘 이해했다. 어쩌면 강력한 무기를 가졌다고 해도 뽑지 않고 갖고만 있는, 즉 '언제 뽑을지 알 수 없는 상태'여야 부하 직원이 오히려 무서워한다는 것을 알았는지도 모른다.

어쨌든 이세민은 현명하지 않은 자신이 모든 일에 참견하고 권력을 발동하면 부하와 백성을 혼란하게 만든다는 것을 알았다. 농업은 농민에게 맡기고 상업은 상인에게 맡기며 군대는 군인에게 맡긴다. 이렇게 정말로 중요한 일만 자신이 결정하고 나머지는 전문가에게 맡기는 편이 좋은 계책이라고 생각했다.

'당신들에게 맡겼으니 일일이 나에게 재가를 청하지 말라' 이것이 이세민의 생각이다. 그의 꿈은 아무 일도 하지 않고 지켜보는 것이었다.

모든 일을 직접 판단하려고 하지 말고 현명하고 선량한 부하 직원에게 맡긴다. 맡긴 이상 상사는 중도에 절대로 끼어들지 않는다. 부하 직원의 결정에도 참견하지 않는다. 일을 맡기는 리더는 이런 권한의 감각을 터득하는 것이 중요하다.

인재가 없는 것이 아니라
찾지 못한 것이다

貞　觀　政　要

좋은 인재를 찾지 못하는 이유

이세민은 훌륭한 인재의 기용이야말로 태평성대의 주축을 다지
는 일이라고 생각했다. 그러나 훌륭한 인재가 좀처럼 모이지 않
았다. 그래서 신하인 봉덕이를 불러 서둘러 인재를 확보하라고
재차 명령했다.

"평화로운 국가를 만드는 근본은 훌륭한 인재를 얻는 것이다. 그대
에게는 현명하고 재능 있는 인재를 찾아서 내게 추천하도록 명령

했는데 아직 한 명도 찾지 못했다. 그대가 인재를 찾아오지 않으면 나는 누구를 의지해야 하는가?"(권3 논택관제73장)

그러나 봉덕이는 "찾지 않은 것은 아닙니다. 하지만 요즘 세상을 보면 뛰어난 재능이 있는 인재가 눈에 띄지 않습니다."라고 변명했다. 그러자 이세민은 봉덕이에게 "인재가 없는 것이 아니라 그대가 찾지 못했을 뿐이 아닌가?"라고 나무라며 다음과 같이 말했다.

"과거의 훌륭한 군주는 신하를 각자의 능력과 인덕에 따라 기용했다. 재능 있는 인물을 다른 시대에서 빌려온 것이 아니다. 모두 다 인재를 그 시대에서 채용했다. 지금 세상에 한해서 재능 있는 인물이 없을까? 사실은 재능 있는 인물이 있는데도 그들을 남겨두는 것이 아닌가 나는 염려된다."(권3 논택관제73장)

이세민의 이 발언에는 두 가지 의미가 포함되어 있다.

① 인간의 능력은 모두 기본적으로는 별 차이가 없지만 그래도 재능이 풍부한 인재는 있을 것이므로 계속 찾아야 한다.
② 아무리 찾아도 좋은 인재를 채용하지 못할 때는 지금 있는 구성원이 적재적소에 배치했는지를 깊이 생각해야 한다.

프로야구의 드래프트나 트레이드를 생각해보면 이해하기 쉬울 것이다. ①은 새로운 전력의 확보다. 팀의 약점이 '마무리 투수'에게 있다면 고등학생, 대학생, 사회인, 다른 구단, 해외 선수를 철저히 조사해서 마무리 투수에 어울리는 선수를 확보하는 데 힘쓴다.

마무리 선수를 확보하지 못했다면 지금 있는 선수의 인재 배치를 재검토한다(②). 선발 투수를 마무리 선수로 바꿔서 배치하거나 전략을 바꿔서 현재 보유한 전력으로 보강하는 것이다.

지금 있는 부하 직원을 전력으로

큰 조직 안에는 때때로 '그 사람을 내 밑에 붙여달라', '이전에 함께 일했던 ○○○를 원한다'라며 함께 일할 부하 직원을 지명하는 상사가 있다.

함께 일한 적이 있는 부하 직원이라면 능력을 알고 있고 손발도 맞아 좋을 것이다. 하지만 나는 부하 직원이 상사를 선택할 수 없는데 상사는 부하 직원을 선택할 수 있는 상황은 불공정하다고 생각한다.

생명보험회사에서 근무했을 때 나는 단 한 번도 지명해서 인사를 요구한 적이 없었다. 지명으로 부하 직원을 뽑는 것은 애초에 공정하지 않은 데다 조직을 개인 소유물화하는 행위라고 생각했기 때문이다.

트럼프게임에서 나눠준 카드로 결과를 내는 것처럼 주어진 인재로 성과를 내는 자가 뛰어난 리더라고 생각한다. 트럼프게임에서 "이 카드는 마음에 들지 않으니까 다시 나눠달라."라고 요구할 수도 승부를 포기할 수도 없다. 손에 든 카드로 어떻게 싸워야 이길 수 있는지 궁리하는 것이 상사의 역할이다. 즉 주어진 인재를 잘 조합해서 성과를 올리는 것이 리더의 기본 업무다.

소수여야 정예가
탄생한다

貞 觀 政 要

진정한 소수정예란

───

이세민은 부하의 수보다 부하의 질에 주목했다. 그리고 '가능한 한 관원을 줄여야 한다'라며 조직을 소수정예로 만들어야 할 필요성에 대해 말했다.

"정치를 할 때는 부하의 재능을 확인해서 그 사람에게 알맞은 직책을 부여하는 것이 중요하다. 그리고 관리의 수를 줄여야 한다. 서경에는 '관리로는 현명하고 재능 있는 인물을 기용하라. 인원수는 적어도 되니 그 임무에 어울리는 사람을 임명하라'라고 쓰여 있다. 좋은 인물을 찾으면 관리의 수가 적어도 상관없다." (권3 논택관 제71장)

나는 소수정예는 '적은 수의 우수한 사람'이라는 의미가 아니라 '소수이기 때문에 정예가 된다'라는 의미라고 생각한다.

어렸을 때 친구들을 모아서 야구를 하려고 해도 작은 동네였던 탓에 9명이 모이지 않을 때가 자주 있었다. 수비할 때는 혼자서 2루, 유격수, 경우에 따라서는 3루까지 지켜야 했다. 그러자 수비 범위가 넓어져서 오른쪽, 왼쪽으로 달리는 동안 자연스럽게 단련이 되어 실력이 늘었다. 저절로 정예가 된 것이다.

이와 반대로 많은 인원이 모여 야구를 하면 어떻게 되었을까? 15명이서 수비했다면 아마 실력이 늘지 않았을 것이다. 공이 자신이 있는 곳으로 날아오지 않으면 달릴 일이 없기 때문이다.

소수로 하면 정예가 된다는 생각은 다양하게 응용할 수 있다. 예를 들면 라이프넷생명에서는 회의실 수를 일부러 줄였다. 회의실이 적으면 쓸데없는 회의가 줄고 합리적인 회의가 늘기 때문이다.

회의실이 많으면 회의 시간을 질질 끌어도 아무도 불평하지 않는다. 그러나 회의실이 적으면 회의를 장황하게 할 수 없다. 다음에 사용할 사람이 'O시부터 우리가 쓸 거니까 빨리 나오라'라며 주의를 주기 때문이다.

또한 회의 시간도 '뭔가를 공유하는 회의는 30분', '뭔가를 결정하는 회의는 1시간' 등으로 정했다. 회의 자료는 종이를 쓰지 않고 파워포인트를 칠판에 비추는데, 이때 글씨가 작으면 읽을 수 없기 때문에 발표자는 내용을 보기 좋게 정리할 수밖에 없다. 이렇게 정리된 회의 자료는 양질의 기록 자료로 축적된다.

물리적으로 회의실을 없애고 회의 성격에 따라 시간을 분배하고 회의 자료로 종이를 사용하는 일을 없앴다. 이로써 회의가 소수정예가 되었다. 라이프넷생명은 작은 회사였기 때문에 개개인이 다양한 역할을 담당할 수 있었고 그 결과, 자연스레 인재 육성이 되어 소수정예 조직이 탄생했다.

시간과 공간을 제한해 정예를 만든다

잔업을 금지해서 시간과 공간을 제한하는 것도 사람을 소수정예로 만드는 방법 중 하나다.

나는 지금까지 여러 책을 읽었지만 '장시간 노동해서 생산성이 올랐다', '그 노동자의 시장 가치가 상승했다'라는 내용은 한 번도 보지 못했다. 오히려 장시간 노동하면 피로가 쌓여서 생산성이 떨어진다. 변화가 없는 장시간 노동은 집중력을 떨어뜨리고 생산성을 낮출 뿐이다.

부하 직원의 잔업이 많다고 하면 그 이유는 부하 직원의 능력이 낮아서가 아니라 리더의 매니지먼트 능력이 부족하기 때문이다. 각자 능력에 맞는 일을 배정해서 모든 팀원이 정시에 퇴근할 수 있는 매니지먼트를 팀 리더가 제대로 못한 것일 뿐이다.

　소수정예는 직장이 키우는 것이 아니라 직원 개개인이 스스로 정예가 되는 것이다. 이를 위한 시스템과 장치를 마련하는 것이 리더의 역할이다.

조직 내 규칙은
단순할수록 좋다

貞 觀 政 要

다양성을 지킨 조직이 유연하다

조직이 경직화되지 않으려면 성별, 국적, 나이 등 격의를 없애는 것이 중요하다. 요컨대 다양성(diversity)이다. 다양한 인재로 조직을 구성하면 권력에 빌붙는 직원이 줄어들고 '왕이 벌거벗었다'라고 솔직하게 말하는 직원이 늘어날 것이다.

성별, 국적, 나이가 다 다른 직원을 모으면 통합하기 힘들지 않을까 우려할 수도 있다. 하지만 걱정할 것 없다. 경영 방침이나 선언문처럼 조직을 운영하는 데 필요한 규칙을 정하면 된다.

5장 | 인재가 없는 게 아니라 찾지 못하는 것이다

'이 직장을 어떤 직장으로 하고 싶은가'라는 대표의 강한 신념을 문서로 명백히 하면 그 신념에 공감하는 직원은 저절로 통합될 것이다.

외국계 기업에서 보드 멤버(임원회 멤버)가 저마다 국적이 다른 경우를 흔히 볼 수 있다. 그래도 미션이나 코어 밸류, 목표 등이 명확하게 정해져 있으면 쉽게 통합된다.

경영 방침이나 선언문은 직장에서의 법률이다. 이세민은 신하들 앞에서 '법률은 최대한 쉬운 것이 좋다'라고 했다.

"국가의 법령이라는 것은 쉬워야 하며 복잡해서는 안 된다. 한 가지 죄에 대하여 여러 종류의 항목을 설정하면 안 된다. 항목이 많아지면 관리가 그것을 외우지 못하므로 거기서 부정이 발생할 수 있다. 만일 죄를 용서하려고 하면 형이 가벼워지는 항목을 선택할 것이며 죄를 지우게 하려면 형이 무거워지는 항목을 선택할 것이다. 또한 한번 결정한 법령을 변경하는 것은 나라를 다스리는 데 좋은 계책이 아니다." (권8 논사령 제32 3장)

한나라의 고조 유방은 진나라를 멸망시킨 후 시황제가 제정한 엄격한 법률을 폐지하고 '법삼장'이라고 하는 세 가지 항목(살인, 상해, 절도)으로만 이루어진 법률을 시행했다. 유방은 법률을 간략화해도 이 세 가지만 제대로 준수되면 세상에 싸움 따위는 일어나지 않는다고 생각했다.

유방과 마찬가지로 이세민도 법률의 간략화를 권장했다. 법률이 너무 복잡하고 명료하지 않으면 관리가 자신에게 유리하게 해석한다. 그래서 법률은 최대한 줄여서 해석할 여지가 생기지 않도록 단순하게 해야 한다는 것이 이세민의 생각이었다.

또한 이세민은 한번 결정한 법률을 몇 번이고 변경하면 안 된다고 생각했다. 법률은 나라가 나아가야 할 길을 나타내는 나침반과 같은 존재다. 나침반이 가리키는 방향이 이쪽이었다가 저쪽이었다가 하면 백성은 어느 쪽으로 가야 할지 갈피를 잡지 못한다. 깊이 생각한 후에 일단 결단을 내리면 여간한 일로는 바꾸지 않는다는 확고한 자세가 리더에게 필요하다.

貞觀
政要

뛰어난 직원이
뛰어난 리더가 되지 않는 이유

정관의 치를
이룩하기까지

貞　觀　政　要

역사는 기후 변화와 인류 이동을 따라

나는 옛 역사를 크게 움직이는 요인으로 두 가지가 있다고 본다. 하나는 기후 변동이고, 또 하나는 그에 따른 인류의 이동이다.

유라시아 대초원의 역사를 보면 그 사실을 잘 알 수 있다. 동쪽(몽골고원)에서 서쪽(헝가리 대평원)에 이르기까지 대초원이 펼쳐진 유라시아 대륙에서는 다양한 유목민이 살고 있었다.

2세기 중반에 한파가 덮쳐 지구는 한랭기에 들어갔고, 중앙유라시아 대초원의 북쪽에서 생활하던 유목민은 식량을 구하러 남하하기 시작했다. 그러자 대초원 북쪽에서 이동해 온 유목민을 따라 원래 그 이동 경로에 살던 유목민도 함께 남하하면서 인구가 눈덩이처럼 늘어나 대규모 이동이 일어난다.

남쪽으로 이동 중 험준한 톈산산맥을 맞닥뜨린 유목민은 말과 양을 데리고 산을 넘기 어려워 동서로 갈라졌다. 서쪽으로 간 사람들을 '게르만족의 대이동'으로 불렀다(유럽에 침입한 유목민은 여러 부족으로 나뉘었다. 이 부족들에게서는 게르만 민족으로 총칭할 수 있는 공통 항목을 찾을 수 없었기 때문에 최근에는 게르만 민족이라는 말이 그다지 쓰이지 않는다). 서쪽으로 간 유목민 중에서 마지막에 살아남은 부족이 프랑크왕국을 건국한다. 프랑크왕국은 중도에 왕통이 바뀌지만 5세기부터 9세기에 걸쳐서 서유럽을 지배했다.

동쪽으로 간 사람들이 '5호 16국'을 만들었다. '호(胡)'는 이민족(유목민)의 총칭이며 5호 16국은 '5호의 어떤 이민족에 속하는 대국이 16개'라는 뜻이다(실제로는 16개국이 넘었다고 판단된다). 덧붙이자면 5호 16국 시대는 4세기 초부터 약 100년 동안 이어졌다.

유라시아 대초원에서 이동해온 유목민이 중국에 들어가자 원주민(중국의 농경민) 중에는 유목민으로부터 도망치듯이 남쪽으로 이동하는 사람들이 나타났다.

남쪽에는 풍부한 장강 하류 지역과 강남 지방이 있다. 강남은 농경지가 비옥해 풍부한 농산물을 수확할 수 있어서 생활에 어

6장 | 뛰어난 직원이 뛰어난 리더가 되지 않는 이유

려움을 겪을 일은 없다. 5호가 이동해 왔을 때 먼저 살던 농경민의 일부는 "우리가 남쪽에서 지낼 테니 북쪽 지방은 당신들에게 양보하겠소."라며 강북 지방을 유목민에게 내줬다. 이렇게 중국은 중앙의 농경민과 주변의 유목민이 대립해 온 역사를 갖고 있다.

· 기후 변화와 인류의 이동 ·

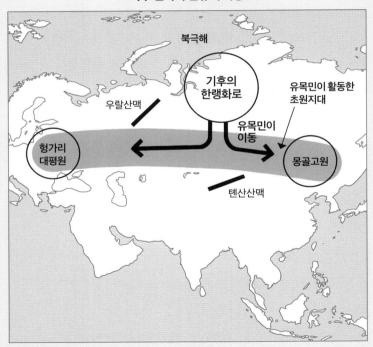

기후의 한랭화로 남하하고 동서로 이동한 유목민이
머지않아 '수', '당'과 프랑크왕국을 만든다.

드디어 맞이한 황금시대, 정관의 치

중국에 들어온 유목민 중 마지막까지 살아남은 부족이 선비의 한 부족인 '탁발부'였다. 5호 16국 시대를 지배한 탁발부는 4세기 말에 '북위'를 건국한다. 북위는 처음 평성(산시성 다퉁)을 수도로 삼았다. 그리고 북쪽 변경에 육진이라고 불리는 6개의 진수부(군사 거점)를 두고 유력 호족에게 특권을 부여하여 북방 유목민의 침입을 단속하게 했다.

한화 정책으로 북위는 수도를 낙양으로 옮겼고 육진은 냉대를 받는다. 이후 변경을 방위하며 고락을 같이한 군인들의 불만이 점차 쌓여 반란이 일어났다. 이 반란을 '육진의 난'이라고 한다.

육진의 난을 치른 후 북위는 동서(동위와 서위)로 분열된다. 이윽고 동위는 북제, 서위는 북주라는 나라로 바뀐다. 북제가 시황제의 폭정으로 쇠퇴하는 가운데 북주의 무제(북주의 3대 황제)가 거느리는 군대가 북제를 침공한다. 침공에 성공한 북주는 북제의 모든 영토를 평정한다.

무제가 사망한 후 실권을 장악한 양견(楊堅)이 수(隋)나라를 건국한다. 수나라는 오래가지 못하고 고작 38년 만에 멸망했다. 수나라가 멸망한 주요 원인으로 양견의 뒤를 이어 황제가 된 양제(煬帝)의 정책 실패를 꼽는다. 양제는 다음의 두 가지 정책을 실시했고 결과적으로 실패했다.

- 대운하를 만드는 등 토목사업을 적극적으로 실시하였으나 민중을 혹사시켜 민심을 잃었다.
- 주변 나라로 원정을 실시하였으나 실패했다. 특히 고구려 원정에 나섰으나 패했다.

양제의 거듭되는 실정으로 중국 전역에서 반란이 일어나 수나라는 멸망한다. 단명으로 끝난 수나라를 대신하여 이연과 이세민 부자가 중국을 통일해 당나라를 건국했다.

· 정관의 치가 시작되기 전까지의 흐름 ·

강남	화북		
동진	5호 16국		동쪽으로 간 유목민이 5호 16국을 세운다.
남조	북위	386년	5호 16국 중에서 마지막에 살아남은 탁발부가 북위를 건국한다. 북위와 송나라가 북과 남으로 병립하여 남북조시대가 시작된다.
	북주		
수		589년	북위의 분열 후 서위, 북주를 거쳐 양견이 중국 전역을 통일하여 수나라를 건국한다.
		604년	양제가 부친 양견(문제)을 살해하여 즉위한다.
당		618년	양제가 부하에게 살해당한다. 이연, 이세민 부자가 수나라를 멸망시키고 당나라를 건국한다.
		626년	이세민이 형 이건성을 죽인다(현무문의 변). 이세민(태종)이 즉위한다.
		627년	'정관'으로 연호를 바꾼다. → 이때부터 '정관의 치(627~649)'가 시작된다.

북위에서 수나라, 당나라로 이어지는 지배 국가를 총칭하여 '탁발 제국', '탁발 국가'라고 하는 학자도 있다. 이는 세 나라의 지배자가 모두 탁발부의 유파에 속하기 때문이다. 당나라의 흥성을 정리하면 다음과 같다.

- 2세기 중반부터 시작된 한랭화로 중앙 유라시아의 유목민이 남하한다.
- 톈산산맥에 부딪혀 동서로 갈라진다.
- 동쪽으로 간 유목민이 5호 16국을 세운다.
- 5호 16국 중에서 마지막에 살아남은 탁발부라는 부족이 북위를 건국한다.
- 북위가 분열한 후 양견이 중국 전역을 통일하여 수나라를 건국한다.
- 이연, 이세민 부자가 수나라를 멸망시키고 당나라를 건국한다.

나라를 새로 세우는 것(창업)이 더 어려운가 아니면 나라를 지키고 유지하는 것(수성)이 더 어려운가 하는 문제는 오랫동안 정치가들을 괴롭혀 온 논쟁거리 중 하나다. 이 논쟁은 조직과 기업 심지어 개인에게까지 적용될 수 있는 문제다.

《정관정요》의 주인공 이세민은 황태자 이건성을 죽이고 권력을 찬탈했다는 비난을 피할 수 없었지만, 황제로 등극한 후 성군의 길을 걸어 '정관의 치'로 불리는 태평성대를 열었다. 이는 수성을 이루기 위한 당태종과 신하들의 끊임없는 노력 덕분이 아닐까.

창업과 수성 중
어느 쪽이 더 어려울까?

貞 觀 政 要

창업은 백 미터 달리기이고,
수성은 풀 마라톤이다

이세민, 위징, 방현령이 제기하는 '창업과 수성 중 어느 쪽이 어려운가?'라는 문답은 '세 가지 거울'과 더불어 《정관정요》에서 유명한 이야기다. 이세민은 '수성(창업을 계승해서 사업의 기초를 다지는 것)'을 근본 사상으로 삼았다.

"이세민이 신하들에게 말했다. '제왕의 사업 중에서 창업과 수성 중 어느 쪽이 어려운가?' 이에 대해 방현령은 '국가 창업 당시에는 군웅이 앞다투어 할거했습니다. 그 강적들을 쳐부수고 항복시킨 후에나 나라를 평정할 수 있습니다. 이런 필사의 어려움이 있는 것을 고려하면 창업이 어렵다고 생각합니다.' 뒤이어 위징이 대답했다. '제왕의 지위를 얻은 후에는 무슨 일이든지 자신의 생각대로 되기 때문에 안락한 기분이 들어 나라를 쇠퇴하게 만드는 사람뿐입니다. 그래서 수성이 어렵습니다.'" (권1 군도 제13장)

방현령과 위징의 의견을 들은 후 이세민은 자신의 생각을 말했다.

"방현령은 나와 함께 천하를 평정했을 때 몹시 고생한 경험이 있다. 죽을지도 모른다는 위기를 극복하고 겨우 목숨을 건진 경험도 있다. 방현령은 창업의 어려움을 실제로 알았기 때문에 창업이 어렵다고 생각했을 것이다." (권1 군도 제13장)

"위징은 나와 함께 천하를 안정시키며, 오만한 마음이 세상을 위험에 빠뜨리는 것을 염려했다. 그래서 위징은 수성의 어려움을 깊이 이해한 것이다." (권1 군도 제13장)

그리고 마지막으로 이렇게 결론을 내렸다.

"그러나 창업의 어려움은 이제 과거의 일이 되었다. 앞으로는 수성에 관해서 제군과 함께 노력해나가겠다."(권1 군도제13장)

이세민은 방현령과 위징이 지금까지 쌓은 실적을 되돌아보며 두 사람의 입장을 각각 배려한 뒤 '앞으로는 수성을 소홀히 하지 않겠다'라고 했다.

환갑의 나이에 라이프넷생명을 창업한 나는 '창업과 수성은 일률적으로 비교할 수 없다'라고 생각한다. 창업과 수성은 성격이 전혀 다르기 때문이다. '창업이든 수성이든 둘 다 어렵다'라는 것이 내 솔직한 감상이다.

벤처 기업을 창업하려면 '하늘의 때(天時)와 땅의 이득(地利), 사람의 화합(人和)'이 필요하다. 하늘의 때란 타이밍을 뜻한다. 다시 말해 사회의 큰 흐름이 이쪽으로 향하는 것이다. 땅의 이득은 자신의 특기 분야를 갖는 것이다. 사람의 화합은 지원해주는 사람이 있어야 한다는 것이다. 이 세 가지 조건을 갖춰야 창업할 수 있다.

한편 무사히 창업했다고 해도 조직을 계속 성장시키기란 매우 어렵다. 창업한 지 얼마 되지 않았을 때는 위험을 견딜 만한 기업 체력이 아직 붙지 않은 탓에 긴장해서 숨이 막힐 가능성이 높다.

창업과 수성에서 필요한 능력이 달라서 단순히 비교할 수 없다. 비유하자면 창업이 100미터 달리기이고 수성이 풀 마라톤이라고나 할까? 창업 때 중요한 것은 기세를 타서 전력 질주하는 능력이다. 그 기세가 있으면 3년 정도는 조직을 유지할 수 있다.

하지만 기세만으로 조직을 발전시킬 수는 없다. 조직이 커지는 과정에서는 시스템을 만들고 규칙을 제정해서 합리적인 매니지먼트를 수행하는 능력이 필요하다.

일반적으로 벤처 기업의 생존율(도산하지 않고 영속하는 것)은 매우 낮다고 평가된다. 대부분의 벤처 기업이 단명으로 끝나는 이유는 100미터 달리기에서 풀 마라톤으로 전환하지 못했기 때문이다. 조직을 존속시키고 싶다면 3년째가 지난 시점부터 오래달리기로 배턴 터치해야 한다.

부하 직원을 하나로 뭉치는 요령

이세민이 방현령과 위징과 나눈 문답의 의미는 다음과 같다.

'우리가 해야 하는 일은 100미터 달리기에 참가하는 것이 아니다. 100미터 달리기는 끝냈으니 앞으로는 생각을 바꿔서 풀 마라톤을 준비해야 한다. 자신에게 마라톤을 할 능력이 없다면 마라톤을 잘하는 사람을 끌어와야 한다.'

하지만 이세민이 수성이 중요하다고 단언했다고 해서 방현령을 업신여긴 것은 아니다. 방현령의 공적을 수용하고 마음을 이어받아 그에게도 풀 마라톤에 참가할 힘이 있음을 확실히 인정했다.

이세민은 '인간은 성공 체험을 잊을 수 없다'라는 전제로 신하를 움직였다. 방현령의 생각이나 위징의 생각에도 이해를 보인 뒤 마지막에 "당연히 공들과 이를 주의하겠다(제군과 함께 노력하겠다)."라고 말했다. '앞으로는 방현령보다 위징이 필요하다', '수성의 실적이 있는 위징을 중심으로 노력하기 바란다'라고 하지 않고 '제군'이라며 모든 신하에게 말한 것이다.

이러한 이세민의 공정한 태도는 신하에게는 큰 동기부여가 된다. 그리하여 방현령은 자존심에 상처 입지 않고 수성에도 힘을 다할 수 있었을 것이다.

부하 직원에게는 모두 저마다 다른 성공 체험이 있다. '창업과 수성 중 어느 쪽이 어려운가?'라는 문답은 서로 다른 성공 체험이 있는 부하 직원을 잘 다룰 때의 본보기라고 할 수도 있다.

군주는 배요,
백성은 물이다

貞 觀 政 要

물에는 '배를 띄우는 힘'과 '뒤집는 힘'이 있다

이세민은 세상을 올바르게 알아두지 않으면 나라가 멸망한다고 생각했다. 하지만 군주라는 입장이 있는 이상 자신은 그렇게 몇 번이고 궁 밖으로 나갈 수 없었다. 그래서 신하들에게 자신의 눈과 귀가 되어달라고 명했다.

"나는 궁 안에 있어야 하므로 천하에 일어나는 모든 일을 알 수 없다. 그래서 그 임무를 그대들에게 맡기겠다. 내 귀와 눈을 대신해주

205   6장 | 뛰어난 직원이 뛰어난 리더가 되지 않는 이유

기 바란다. 지금 천하는 평화롭지만 그렇다고 해서 가볍게 생각하면 안 된다. 서경에는 군주가 덕으로 백성을 사랑하면 백성 또한 군주를 존경한다. 반대로 군주가 도리에 맞지 않은 일만 하면 백성은 배반하니 무섭다고 쓰여 있다. 군주가 사람의 도리에서 벗어난 행동을 하면 백성은 즉시 군주에게서 그 지위를 빼앗으려고 할 것이다."(권1 정체 제27장)

그러자 위징은 이렇게 대답했다.

"폐하는 나라의 안팎이 평안무사해도 주의 깊게 정치를 하시므로 우리 당은 오래 지속될 것입니다. 저는 또 이런 말을 들었습니다. 옛말에 군주는 배요 백성은 물이다. 물은 배를 잘 띄우기도 하고 잘 뒤집기도 한다고 했습니다. 폐하는 백성을 무서운 존재라고 생각하셨는데 그 말이 맞습니다."(권1 정체 27장)

위징이 인용한 '군주는 배요 백성은 물이다(水則載舟水則覆舟)'는 《정관정요》에서 유명한 구절이다. 여기에는 두 가지 의미가 포함되어 있다고 나는 해석한다.

역성혁명의 논리
군주가 인간의 도리를 벗어나면 하늘(신)은 홍수 등의 천재지변을 일으켜서 '이 꼴이 무엇이냐'라고 경고한다. 또 그래도 군주가 행동을 바로잡지 않으면 백성이 반란을 일으켜 군주를 배제한다. 이것이 역성혁명의 논리다. 즉 군주가 올바르게 정치하지 않으면 물(백성)은 사납게 날뛰어 순식간에 배(군주)를 뒤집는다는 뜻이다.

군주는 기생계급이다

물이 있어야 비로소 배가 기능을 발휘할 수 있다. 물이 없는 곳에 배를 만들어도 띄울 수 없다. 백성이 생산계급이라고 하면 군주는 백성에게 의지하는 기생계급이다. 그 말은 백성이나 부하 직원이 '이 사람을 따라가자'라고 생각해야 국가나 조직을 유지할 수 있다. 백성이나 부하 직원이 협조하지 않으면 군주는 그 지위에 머무르기 어렵다.

진심으로 뒤따르고 싶은
리더가 되는 방법

———

'이 사람을 따라가자'라는 생각이 드는 리더가 되려면 다음의 세 가지 방법이 있다.

부하 직원에게서 사랑받는 상사가 된다

부하 직원과 연인 같은 관계를 구축하면 부하 직원은 '이 사람을 위해서 일하자'라고 생각할 것이다. 하지만 사람이 사람을 좋아하게 되는 것은 본능적인 것이므로 이 방법은 성공할 확률이 가장 낮다.

압도적인 능력 차이를 보여준다

압도적인 실력 차를 보여줘서 '이 정도로 대단한 능력을 지닌 상사는 도저히 이길 수 없다'라고 생각하게 하면 부하 직원은 리더가 하는 말을 들을 수밖에 없다. 하지만 이 방법도 성공하기 어렵다. 애초에 인간의 능력에는 그다지 차이가 없기 때문이다.

열정적으로 일하는 모습을 보여준다

이 방법이 가장 현실적이다. 리더가 조직을 생각하고 누구보다도 열심히 일하면 부하 직원은 그 모습에 공감해서 따라가고 싶은 마음이 들 것이다.

단 열심히 일한다는 것은 결코 장시간 노동을 의미하는 것은 아니다. 집중력을 높여서 어려운 문제에 정면으로 부딪치는 자세를 보여주는 것이 중요하다. 바꿔 말하자면 '절대로 도망치지 않는다', '무슨 일이 일어나도 결과에 책임을 지겠다'라는 강직한 태도를 보여주는 것이다.

물이 빠지면 배는 움직이지 않는다. 물이 요동치면 배는 뒤집힌다. 리더가 아무리 권력을 갖고 있어도 추종자가 겉으로는 따르는 척하고 속으로는 배신하면 조직은 성립하지 않는다. 정말로 강한 조직을 만들려면 '리더는 배이며 물이 있기 때문에 뜰 수 있다', '물이 따라오지 않으면 배는 쓸모없다'라는 점을 명심해야 한다.

일을 분배할 때는
철저히 직원의 능력만 본다

貞 觀 政 要

자신을 죽이려고 한 상대를 측근으로 발탁한 이유

중국 춘추시대의 대국인 제나라에 '관중'이라는 정치가가 있었
다. 그는 환공(춘추시대 제나라 군주, 춘추오패 중 한 명)을 섬기며 나
라 안의 행정·경제 개혁을 실시한 인물이다. 환공이 훗날 춘추
시대 최초의 패자(霸者)가 된 것은 관중의 공헌이 있었기 때문이
라고 한다.

　하지만 사실 관중은 환공이 아직 공자의 신분이며 소백이라
는 이름으로 불렸을 때(제나라 군주가 되기 전) 그를 죽이려고 한 적

이 있었다. 왜 환공은 자신을 죽이려고 한 인물을 재상(수상, 총리)으로 기용했을까?

관중에게는 '포숙'이라는 이름의 친구가 있었다. 관중은 공자 규를 섬겼고 포숙은 공자 소백(환공)을 섬겼는데, 두 사람의 우정을 뒤흔드는 사건이 일어난다. 바로 차기 국왕 자리를 둘러싼 규와 소백의 후계자 싸움이다.

관중은 규를 위해서 소백을 죽이려고 그에게 화살을 쐈다. 그러나 암살에 실패하고 나중에 소백이 환공이 되자 규는 참수당했으며 관중은 망명한 곳에서 죄인으로 제나라에 송환되었다.

그러나 제나라에 송환된 관중은 죄인의 신분에서 해방된다. 관중이 "왜 저를 풀어주십니까?"라고 묻자 환공은 다음과 같이 대답했다.

"나는 그대를 죽일 생각이었지만 포숙이 '천하의 패권을 장악하고 싶으면 그의 죄를 용서하고 제가 아니라 관중을 재상으로 해야 합니다. 그의 능력은 매우 뛰어납니다'라고 했네. 그래서 그대의 죄를 용서하니 부디 재상이 되어다오."

관중은 환공의 권유에 응해 재상이 되었고 그 후 환공에게 충성을 다했다. 이 고사에서 진정한 우정을 나타내는 '관포지교(管鮑之交)'라는 말이 탄생했다.

부하는 호불호로 판단하지 않는다

환공과 관중의 관계는 이세민과 위징, 이세민과 왕규의 관계와 닮았다. 이세민이 신하들과 술잔치를 펼쳤을 때 장손무기라고 하는 공신(이세민 황후의 형)이 다음과 같이 말했다.

> "왕규와 위징은 예전에 황태자 이건성(이세민의 형)을 섬겼으므로 이 두 사람은 적이었습니다. 그런데 지금 이렇게 술자리에 동석할 줄은 생각지도 못한 일입니다." (권2 임현제3 3장)

장손무기의 말을 들은 후 이세민은 대답한다.

> "위징은 이전에 실제로 내 적이었다. 하지만 그가 섬기던 주인을 위해서 마음을 다한 것은 칭찬할 만하다. 섬긴 인물이 누구든 간에 충의를 다하는 것은 신하로서 옳은 일이다. 게다가 위징은 내가 기분 나쁜 얼굴을 해도 개의치 않고 나를 간하며 내가 나쁜 일을 하는 것을 허락하지 않았다. 내가 위징을 중용한 것은 그런 이유 때문이다." (권2 임현제3 3장)

위징과 왕규는 이세민을 죽이려고 한 이건성을 섬겼던 인물이다. 이세민은 자신을 죽이려고 한 인물을 측근으로 두었고, 위징과 왕규도 자신들의 진가를 이해해주는 이세민과의 인연을 반기며 힘껏 그를 섬겼다.

위징이 '인생은 상대방의 마음가짐에 감격해서 행동하는 것이며 공적이나 명예는 문제가 아니다'라는 시를 남긴 것도 이세민의 생각에 감동했기 때문이리라.

이세민이나 환공이 자신을 죽이려고 계획한 사람을 용서한 것은 호불호로 사람을 판단하지 않았기 때문이다. 중국에는 '유능한 인간은 쓰지 않으면 손해다'라는 실무적이고 합리적인 발상이 있다. 조직도 마찬가지가 아닐까? 아무리 싫어하는 상대라도 그 인물이 유능하다면 개인적인 감정을 배제하고 일을 부여해야 한다고 생각한다. 유사시를 이겨내기 위해서 중요한 것은 아첨이나 권력에 빌붙는 충성심이 아니라 부하 직원의 능력이기 때문이다.

참고로 나는 관중에게 재상의 자리를 물려준 포숙도 매우 훌륭하다고 본다. 소백이 군주가 되었기 때문에 자신이 총리가 될 수 있었는데도 굳이 '친구 관중의 능력이 높다'라며 총리로 관중을 추천하고 자신은 물러났다. 보통 사람들은 쉽게 흉내 낼 수 없는 인품이다.

군주는 원래 어리석은 법,
신하의 역할은?

貞 觀 政 要

2대, 3대에 조직이 기우는 이유

'부자 중에 2대는 없다', '3대가 이어지면 말대까지 이어진다',
'훌륭한 군주의 흔적은 감자밭'(명가도 대체로 몇 대 가지 못해 망해서
몰락한다) 등의 말처럼 2대째, 3대째의 자질이 한 무리의 영고성
쇠(榮枯盛衰)를 좌우하는 경우가 많다.

그 사실을 잘 알았던 이세민은 신하들에게 "예로부터 자손의
세상이 된 후 국가가 혼란해지는 이유는 무엇인가?"라고 질문했
다. 그러자 방현령은 어린 군주가 제대로 된 교육을 받지 못했기

때문이 아니냐고 지적했다.

> "방현령이 말하기를 '어린 군주는 깊숙한 궁전 안에 있기 때문에 세
> 상의 진실과 거짓을 구분하지 못해서 국가를 다스릴 때 무엇이 안
> 전하고 무엇이 위험한지 모릅니다. 이것이 정치가 혼란해지는 이
> 유입니다.'" (권3 군신감계 제6 4장)

방현령은 2대째, 3대째는 응석받이로 자라기 때문에 못쓴다
는 일반론을 말했다. 그러나 이세민의 생각은 조금 달랐다.

> "그대는 나에게 책임이 있다고 말하고 싶은가? 자손이 정치를 혼
> 란케 하는 것은 자손을 섬기는 신하의 책임이라고 생각한다. 게다
> 가 2대째나 3대째의 품행이 나쁜 것은 군주뿐만 아니라 그대들도
> 마찬가지 아닌가? 그대들과 같은 공신(공적이 있는 신하)의 자식 중
> 에는 재능이 없는 자도 많다. 마음대로 사치를 부린다. 그런데 지위
> 가 높은 관리직을 맡을 수 있는 것은 선조의 공적 덕분일 뿐이다. 군
> 주가 아직 어리고 그를 뒷받침하는 신하에게 재능이 없다면 나라
> 가 무너졌을 때 지탱할 수 없다." (권3 군신감계 제6 4장)

또한 이세민은 수나라의 2대 황제 양제가 우문화급(宇文化及,
수나라의 정치가)에게 살해당한 예를 인용하며 신하에게 자손 교

육을 확실히 할 것을 재촉했다.

"수양제는 우문술(우문화급의 부친)의 공적을 평가했기 때문에 그의 아들인 화급에게 높은 관직을 주었다. 그러나 화급은 그 은혜에 보답하기는커녕 양제를 살해했다. 이는 신하의 죄가 아닌가? 내가 이런 말을 하는 것은 그대들이 자식 교육을 철저히 해서 도리를 벗어나지 않도록 충고하고 죄를 범하지 않도록 하기를 바라기 때문이다." (권3 군신감계 제64장)

이세민의 말은 '응석받이로 자란 2대째, 3대째도 나쁘지만 이를 점점 더 늘리는 측근(공신의 자식)에게도 책임이 있다. 내 자식도 어리석을지 모르지만 그대들의 자식도 어리석을지 모른다. 그러니 똑같다'라는 의미다.

그리고 '군주는 원래 어리석기 때문에 그대들과 마찬가지로 차기 주군에게 직언할 수 있는 훌륭한 자식을 키우도록 하라. 힘 있는 부하를 거느리며 군주를 지원하지 않으면 수양제처럼 되고 만다. 그러니 주군의 탓으로만 하지 말고 그대들도 다음 세대를 확실히 키워라'라고 방현령 등을 독려했다.

뛰어난 직원이 반드시
뛰어난 리더가 되지 않는 이유

貞　觀　政　要

가장 급선무가 되는 일

정관 16년, 당나라의 정치가 안정기를 맞이했을 때 이세민은 신하들에게 "지금 이 나라에서 무엇이 가장 급한 일인가? 각자의 생각을 들려주게."라고 질문했다.

"백성의 생활 안정이 급무입니다", "이민족과의 외교가 급무입니다", "예의와 감독으로 백성을 통제하는 것이 급무입니다" 등 여러 가지 의견이 나온 후에 저수량은 이렇게 말했다.

"황위를 계승하는 황태자와 나머지 황자(황제의 아들)의 차이를 명확하게 하기 위해서 기본적인 규율을 마련해야 합니다. 이때 영구히 훗날까지 모범이 되는 법률을 만들어 이를 자손에게 남기는 것이 급무입니다." (권4 논태자제왕정분 제9 4장)

이세민에게는 서자(본처가 아닌 여성이 낳은 아이)까지 포함해 40명에 가까운 자식이 있었다. 저수량은 후계자와 그렇지 않은 자식의 차이가 명확해지도록 후계자의 규칙을 정해놓지 않으면 후계자 다툼으로 나라가 망할 수 있다고 염려했다.

이세민은 "저수량의 생각이 가장 옳다."라고 한 후에 다음과 같이 말했다.

"나는 벌써 쉰 살을 바라보고 있고 슬슬 육체적으로나 정신적으로도 쇠약해짐을 느낄 때가 있다. 장자(처음에 태어난 자식) 승건을 황태자로 삼겠다고 결정했지만 나머지 자식들의 처우에 관해서는 골치를 썩이고 있다. 예로부터 장자와 나머지 자식 중에 선량한 인물이 없을 경우는 국가를 기울게 했다. 그대들은 지혜도 있고 인격도 훌륭한 인물을 찾아내 황태자와 자식들의 보좌를 맡게 하기 바란다. 그때 주의해야 할 점이 있다. 자식들에게 부하를 붙일 때는 같은 인물을 오래 섬기지 않게 해야 한다. 오래 함께 지내면 부하는 주군의 편을 들어 패거리를 조직할 수 있다." (권4 논태자제왕정분 제9 4장)

태평성대를 이룬 군주에게 가장 어려운 것은 후계자 선택밖에 없다. 군주가 마지막으로 바라는 것은 다음 세대의 리더를 키워서 자신이 만든 조직을 확실히 계승하게 하는 일이다.

이세민 같은 명군도 후계자 선택에 실패했다(이세민과 나란히 명군으로 불리는 강희제도 후계자 선택에 실패했다). 이세민은 건승을 황태자로 삼았지만 건승은 유흥을 좋아하고 소행이 문란했으며 동생 암살을 계획했기 때문에 황위 계승 다툼에서 배제되었고, 마지막에는 서인(사회 일반인들)으로 격하되었다.

국가든 기업이든 높은 능력을 갖추고 몸과 마음 모두 건강한 리더를 찾기란 절대로 쉬운 일이 아니다.

명선수는 명감독이 아니다

대부분의 리더는 자신의 부하 직원 중에서 후계자를 선택한다. 그런데 부하 직원으로서의 우수함과 리더로서의 우수함이 반드시 같다고 할 수는 없다. 가령 영업 실적이 최고였다고 해서 그 사람이 리더로서도 능력을 발휘한다고 장담할 수 없다. 스포츠 세계에서는 '명선수는 반드시 명감독이 아니다'라는 말을 하는데 이는 비즈니스의 세계에서도 똑같이 적용된다.

2인자 이하와 1인자는 하는 일이 전혀 다르며 필요한 자질도 다르다. 2인자는 1인자에게 상담할 수 있지만 1인자는 그 누구에게도 상담할 수 없다. 어떤 난제에 부딪혀도 고독을 견디며 혼자서 판단하고 결단해야 한다. 리더에게는 스스로 생각하고 결단하는 능력이 필요하다.

1990년대에 미국 시티그룹의 리더였던 존 리드는 경영자의 자질이 있다고 생각한 인재를 시티그룹 자회사 사장으로 발탁했다. 그리고 1인자로서의 고독을 견디며 확실히 혼자서 매사를 결정할 수 있는지 확인한 후에 그룹 간부 후보생으로 삼았다.

일본의 대기업이나 금융기관은 저마다 수많은 관련 회사를 갖고 있다. 플레이어로서 우수한 사람이 있으면 먼저 관련 회사의 사장을 맡겨보고 대표로서의 소질이 있는지 테스트해보면 어떨까? 출세 전쟁에서 탈락한 간부를 위한 처우 지위로 관련 회사가 쓰이는 것은 너무나도 아깝다고 생각한다.

라이프넷생명의 사례로 말하자면 내가 중도에 이와세 다이스케(岩瀬大輔)에게 대표이사직을 양도한 것은 이와세가 성장했기 때문이 아니다. 시켜봐야 대표의 자질 여부를 알 수 있고 시켜봐야 1인자의 능력을 터득할 수 있어서다.

인간이 만드는 것은 무엇이든 인간을 닮았다. 인간이 나이를 먹고 늙어가는 것과 마찬가지로 세대교체가 잘된 조직은 계속 성장하고 그렇지 않은 조직은 망한다. 그렇기 때문에 후계자 선택이 중요하다.

부모는 자식을 열심히 키운다. 그러나 자식이 부모의 기대대로 자랄까? 나 자신을 돌아봐도 전혀 그렇지 않음을 알 수 있다. 조직의 후계자 선택도 자식 교육과 똑같지 않을까? 초대는 2대째, 3대째를 열심히 육성한다. 하지만 육성의 성공 여부는 결국 2대째, 3대째의 자질에 달렸다.

이세민은 결과적으로는 운이 좋았다. 후계자 선택에는 실패했지만 후계자의 배우자인 측천무후라는 영웅호걸이 이세민의 노선을 확실히 밟아서 당나라가 세계제국으로 가는 길을 개척했기 때문이다.

상사의 눈치를 보지 않는 직원이
회사를 살린다

貞 觀 政 要

상사와 부하 직원의 관계

이세민이 예전의 적이었던 위징과 왕규를 중요한 자리에 임용한 것은 그들의 능력이 국가의 평안에 유익하다고 판단했기 때문이다. 하지만 이 인사를 원망한 사람도 있었다. 방현령은 다음과 같이 말했다.

"폐하가 아직 진왕이었던 시절부터 섬겼던 자들 중에는 아직까지 적절한 관직을 얻지 못한 자가 있습니다. 그들은 전의 황태자였던

건성이나 동생 원길을 섬긴 자들이 자신들보다 먼저 처우가 정해진 것을 원망하고 있습니다." (권5 논공평 제161장)

이세민은 사람의 능력을 공평하게 확인하는 것이 중요하다고 생각했다. 따라서 그 사람과의 개인적인 연줄로 관직에 올리는 일은 절대로 없었다. 이세민은 제갈공명을 예로 들어 매사를 공평하게 보는 것의 중요성을 설명했다.

"군주는 무엇보다도 천하를 마음에 두고 개인적인 감정을 품으면 안 된다. 작은 나라의 승상에 불과한 제갈공명도 '자신의 마음은 저울과 같다. 저울이 짐의 무게를 공평하게 재듯이 내 마음은 공평무사하게 어느 쪽으로도 기울지 않는다. 사람의 형편에 따라 가볍게 하거나 무겁게 하는 일이 없다'라고 했다. 나는 지금 당이라는 대국을 다스리고 있기에 개인적인 연줄에 따른 편애를 할 수 없다." (권5 논공평 제161장)

이세민이 재능 있는 인재를 적극적으로 기용한 이유는 아직 새 왕조의 은혜가 아랫사람들에게까지 미치지 않았기 때문이다. 그래서 능력 있는 인재를 모아 나라를 풍요롭게 하는 것을 우선적으로 생각했다.

"지금 내가 현재(재능을 가진 인물)를 선택한 것은 백성의 생활을 안정시키기 위함이다. 그래서 사람을 채용할 때는 그 사람이 도움이 되는지를 기준으로 삼는다. 신인이든 옛날부터 알고 지내던 사이든 그 능력이 쓸모없으면 채용하지 않는다." (권5 논공평 제16장)

이세민은 상사와 부하 직원의 관계를 감정론이 아니라 기능론으로 생각했다. 유능한 인물이라면 아무리 적이었다고 해도 개인적인 감정을 배제하고 채용했다. 반대로 아무리 충성심이 높고 옛날부터 자신을 섬긴 가신이라 해도 쓸모없으면 채용하지 않았다.

충의를 다해야 할 상대

'풍도'라고 하는 정치가는 중국의 대혼란 시대였던 5대 10국 시절에 재상으로서 다섯 왕조(후당, 후진, 후한, 후주, 요), 8성 11인의 황제를 섬겼다. 재상으로서의 재임 기간은 20년에 달한다.

풍도는 지조가 없고 충의를 다하지 않는다고 엄격하게 비난받은 적도 있는데, 이때 "군주에게 충성을 다한 것이 아니라 국가에 충성을 다한다."라고 답했다고 한다. 풍도는 국가와 천하에 충성을 다했다. 그래서 누가 군주가 되든지 힘을 다할 수 있었다.

황태자였던 이건성이 죽은 후에 위징이 이세민으로 갈아탄 것도 이세민을 훌륭한 황제로 만드는 것이 더 나아가 천하를 위하는 길이라는 의식이 있었기 때문이다.

조직으로 바꿔서 생각해봐도 똑같이 말할 수 있지 않을까? 직원이 생각하는 것은 '천하(조직)'의 도움이 되는 것이지 상사나 사장의 눈치를 살피는 것이 아니다. 이세민이 '천하로써 마음을 삼는다'라며 가장 먼저 천하에 대해 생각했듯이 직원은 '조직으로써 마음을 삼는다'라고 생각해야 한다. 파벌이나 조직 내 이해관계에만 신경 쓰지 말고 조직을 좋게 만들기 위해서 자신의 능력을 사용해야 한다.

초심을 잃지 않는 리더는
무엇이 다른가?

貞 觀 政 要

초심을 잃으면 조직이 혼란해진다

《정관정요》의 '권10 논신종 제40'에 쓰여 있는 내용은 《정관정
요》의 총정리이자 유종의 미를 장식하는 것의 어려움에 대한 설
명이다. 정관 5년, 이세민은 신하들에게 한결같이 행동하는 것
의 중요성을 말했다.

"지금 나라 안팎이 평화로워진 것은 나 혼자만의 힘이 아니라 그대
들과 서로 협력했기 때문이다. 그러나 평화로워도 위험이 숨어 있

음을 잊지 말고 나라가 안정적이어도 혼란해질 가능성이 있음을 잊어서는 안 된다. 이런 생각을 품고 한결같이 행동하는 것이 중요하다."(권10 논신종 제40 1장)

이에 대해 위징은 "지금은 천하가 태평하지만 우리는 아직 기뻐하지 않습니다. 나라가 안정되어 평화로울 때라도 위험해질 수 있다고 생각해서 노력하려고 합니다."라고 대답했다.

또 이듬해인 정관 6년에 이세민은 신하들 앞에서 다음과 같이 말하고 앞으로도 노력을 게을리하지 않을 것을 선언했다.

"황제의 지위를 영원히 안전하다고 생각하지 않고 언제 멸망해도 이상하지 않다고 생각해서 나 스스로 충고하고 조심하며 유종의 미를 거두겠다."(권10 논신종 제40 2장)

정관 9년이 되자 다시 신하의 협력에 감사했다.

"나는 팔짱을 끼고 아무 일도 하지 않았지만 그래도 서역의 이민족들은 우리 당에 복종했다. 이는 나 혼자 한 일이 아니라 그대들 덕분이다. 국가의 창업을 멋지게 완수한 것과 마찬가지로 유종의 미를 거두어서 수백 년 후 우리 당의 역사를 읽는 사람에게 이 당의 위대한 공적과 성대한 사업이 빛나 보이게 하고 싶다."(권10 논신종 제40 3장)

정관 12년에는 "나도 계속 노력하고 재능 있는 신하들이 모두 열심히 하는데 삼황오제(三皇五帝,신화시대의 중국을 다스린 전설상 8인의 제왕)의 세상과 비교하면 이 나라는 아직 부족하다."라며 그 이유를 신하에게 물었다.

위징은 그것은 군주와 신하 모두 초심을 잃었기 때문이라며 다음과 같이 자신의 의견을 말했다.

"나라가 평화로워지자마자 군주가 제멋대로 행동하거나 사치를 부리기 시작하면 유종의 미를 장식할 수 없습니다. 신하 또한 승급해서 부와 지위를 얻게 되자 그 지위를 지키는 일만 생각하고 군주에게 충성을 다하지 않게 됩니다. 각자가 초심을 잃지 않고 좋은 세상을 만드는 일에 힘쓰면 천하가 안정될 것입니다. 안정되지 않는다면 그것은 초심을 잃었기 때문입니다." (권10 논신종 제40 4장)

조직의 앞날은 리더에게 달렸다

이세민은 스스로 사치를 삼가고 인덕을 연마하는 동시에 직언하는 것을 두려워하지 않는 신하를 곁에 두었다. 그리고 당나라가 빛날 방도를 늘 고심했다. 하지만 그 이세민조차 초심을 잃고 한결같이 행동하지 못해서 조금씩 도리에서 벗어나고 말았다.

정관 13년, 위징은 결국 상소문(군주에게 보내는 문서)을 써서 이세민에게 직언했다. 그 상소문에는 이세민이 유종의 미를 장식하지 못하게 되는 이유 열 가지가 적혀 있었다. 요약하면 다음과 같다.

① 좋은 말과 보석을 사 모아서 이민족에게서 경멸당했다.
② '백성이 제멋대로 행동하는 것은 일이 없기 때문'이라는 이유로 경솔하게 백성을 육체노동에 징용했다.
③ 대궁전을 만들고 싶어 한다.
④ 기량이 부족한 사람이나 인덕이 없는 사람하고만 교류하고 덕행을 갖춘 사람을 멀리한다.
⑤ 상공업에만 힘을 쏟고 농업을 소홀히 했다.
⑥ 자신의 호불호로 인재를 등용했다.
⑦ 지조 없이 사냥 등의 오락을 즐겼다.
⑧ 신하에 대한 예절을 잃고 신하를 대할 때의 태도가 무책임하다.
⑨ 큰소리를 치거나 거만해졌다. 자신의 욕망을 자제하지 못한다.
⑩ 천재지변, 모반에 대한 대비를 소홀히 한다.

위징은 이세민의 과실을 열거하며 다그쳤다. 위징이 이렇게까지 엄격하게 직언한 것은 '사직의 위기, 국가의 혼란은 한 사람에게 달려 있다'라고 생각했기 때문이다. 즉 세상을 다스리고 혼란하게 만드는 것도 황제 한 명에게 달렸다는 것이다.

"현재 태평의 기초는 이미 하늘보다 더 높이 쌓여 있습니다. 그러나 모처럼 쌓아온 태평의 기초도 도중에 그만두면 전부 물거품이 되고 맙니다. 지금은 천 년에 한 번만 나타나는 성천자(위징이 이세민을 치켜세운 표현)가 있는 훌륭한 시기이며 이런 때는 두 번 다시 없을 것입니다. 폐하에게는 능력이 있으니 그 능력을 충분히 발휘해야 합니다. 하지만 폐하가 실행하지 않아서 저와 같은 천한 신하가 한숨을 쉬고 있습니다. 저는 어리석은 신하입니다. 그러나 제 생각 속에도 한 가지 정도는 폐하에게 도움이 되는 점이 있을 것입니다. 폐하가 제 잘못투성이 직언을 채용해주시기를 바랍니다. 만약에 제 의견을 참고하신다면 폐하의 분노대로 처형당해도 만족하겠습니다." (권10 논신종 제40 5장)

상소문의 내용을 읽은 이세민은 다음과 같이 말을 맺었다.

"그대가 지적해준 과실을 반드시 고치도록 하겠다. 그리고 유종의 미를 거두겠다. 그대의 말은 강하고 사람으로서 옳은 말을 했다. 그래서 그대의 말을 병풍으로 만들어서 아침저녁으로 올려다보기로 했다. 천 년 후의 사람들이 군주와 그 신하 사이에 있는 의를 알아주었으면 하는 마음이다." (권10 논신종 제40 5장)

명군이라고 불린 이세민도 정신이 해이해져서 검약의 마음을 잃었다. 그러니 평범한 사람들이라면 더욱 그러할 것이다. 다행히 이세민에게는 위징을 비롯해 자신에게 직언해주는 신하가 있어서 옳은 길로 되돌아올 수 있었다.

천하가 평화로워지거나 혼란해지는 것은 군주 한 명에게 달렸다. 이는 조직이나 팀도 마찬가지다. 조직은 리더의 그릇을 초과하는 일은 할 수 없다. 따라서 리더의 책임은 누구보다도 무겁다. 당신 주위에는 '위징' 같은 존재가 있는가?

옮긴이 박재영

서경대학교 일어학과를 졸업했다. 어릴 때부터 출판, 번역 분야에 종사한 외할아버지 덕분에 자연스럽게 책을 접하며 동양권 언어에 관심을 가졌다. 번역을 통해 새로운 지식을 알아가는 것에 재미를 느껴 번역가의 길로 들어서게 되었다. 분야를 가리지 않는 강한 호기심으로 다양한 장르의 책을 번역, 소개하기 위해 힘쓰고 있다. 현재 번역 에이전시 엔터스코리아 출판기획 및 일본어 전문 번역가로 활동하고 있다.

역서로는《뭘 해도 운이 따르는 사람들의 10가지 습관》,《성공한 사람들은 왜 격무에도 스트레스가 없을까》,《나쁜 감정을 삶의 무기로 바꾸는 기술》,《일 잘하는 사람은 짧게 말한다》,《의욕이 뿜뿜 솟는 50가지 방법》,《인생은 지금부터 시작》,《덴마크 사람은 왜 첫 월급으로 의자를 살까》,《부자의 사고 빈자의 사고》,《1인 기업을 한다는 것》,《브랜딩 7가지 원칙》,《사장자리에 오른다는 것》,《경제학에서 건져 올리는 부의 기회》,《중국발 세계경제 위기가 시작됐다》,《YES를 이끌어내는 심리술》,《나는 아스퍼거 증후군입니다》,《순식간에 호감도를 높이는 대화기술》,《힘내라는 말보다 힘이 나는 말이 있다》외 다수가 있다.

사장을 위한 정관정요

초판 1쇄 발행 2022년 7월 4일

지은이 데구치 하루아키
펴낸이 정덕식, 김재현
펴낸곳 (주)센시오

출판등록 2009년 10월 14일 제300-2009-126호
주소 서울특별시 마포구 성암로 189, 1711호
전화 02-734-0981
팩스 02-333-0081
메일 sensio@sensiobook.com

편집 하진수
디자인 Design IF

ISBN 979-11-6657-071-1 03320

소중한 원고를 기다립니다. sensio@sensiobook.com